JN113450

顧問先等の経営危機
対応マニュアル

現状確認・資金確保・経費見直し・再建と清算

編著　坂部　達夫（税理士）
　　　山元　俊一（税理士）

著　　湊　　義和（税理士）
　　　北出　容一（税理士・弁護士）
　　　川﨑　啓　（税理士）

新日本法規

は　し　が　き

　新型コロナウイルスは、2年を超えて猛威を振るい、いまだ留まるところを知らない状況です。この新型コロナウイルスによる影響は、いたるところに及んでおり、会社経営にも大きく影を落としている状況です。経営者や専門家にとっては、未曾有の経営危機が眼前に招来し、対応に苦慮しているケースも少なくありません。そのような中、まず何から、どのように手を付けてよいのか分からないといった声が多く寄せられています。

　そこで、本書では、このような経営危機が迫っている場合に、具体的な「取っ掛かり」として、どのような対応が求められるのかの方向性を明確にして、経営危機に対処できるように、フローチャート形式で段階別に分けて、具体的な対応を行えるように記載しています。

　まず第1章では、相談の受付として、どのように相談を受け付けて、どのように対応すればよいかを明らかにしています。

　第2章では、現状の認識を的確に行うために、決算書を確認して、経営改善計画を策定し、資金繰りの改善等を行う方法を掲載しています。さらに、そのためにどのような点に注意すればよいか、今後の対応方針について明らかにしています。

　第3章では、資金関係をどのように検討すべきかについて触れています。はじめに、金融機関からの融資について検討し、補助金・助成金・給付金の利活用について検討しています。また、保有資産を活用した資金の確保を検討しています。さらに納税の猶予を検討しています。

　第4章では、事業体制をどのように整理・見直しをしていけばよいのか、事業体制の見直しや再構築についての検討を加えました。

　第5章では、人件費の見直しについて述べています。具体的には、役員給与・賃金について見直しを検討しています。

　第6章では、組織を維持・発展させていく上での人員配置をどのように行っていくべきかについての検討を重ねています。

　第7章では、その他の主要な経費項目について、見直しを図る必要があるかどうかの把握を行い、コスト分析を行う方法について検討しています。さらに、どのような経費を見直していくのかについて、影響力や効果あるいは実行可能性などの観点から把握し、どの程度、どのような方法で見直すのかについて整理しています。

　第8章では、会社の再建又は清算に着手する場合に、どのような方法があるのかを明らかにした上で、その各種方法の特徴を明らかにし、どのように行えばよいかについて検討しています。

最後に、第9章では、法人事業から個人事業への転換や、個人事業主のケースにおける再建又は清算について検討を加えています。

　以上の点について、この本では、フローチャート形式により、「分かりやすさ・見やすさ」に配慮して検討を加えて執筆を行っています。本書が少しでも多くの読者の参考となり、経営危機を乗り切っていただく際の「きっかけ」となり、明るい未来を構築できるようになっていただければ、幸いです。

令和4年6月

税理士　山元　俊一

編著者・執筆者一覧

≪編著者≫
坂部　達夫（さかべ　たつお）

昭和63年税理士登録

筑波大学大学院経営・政策科学研究科企業法学修士課程　平成9年度修了

日本税務会計学会副学会長（法律部門）、会員相談室委員（法人税担当）

［主な著書］

・『持株会社の法務と実務』（共著）（きんざい、1998）

・『事例回答　現物給付課税の実務』（共著）（法令出版、2015）

・『中小企業が"本当に"使える　最新　事業承継対策の法務と税務』（共著）（日本法令、2020）

・『会社役員　法務・税務の原則と例外』（共著）（新日本法規出版、2021）

山元　俊一（やまもと　しゅんいち）

平成3年税理士登録

平成28年筑波大学大学院ビジネス科学研究科博士課程満期単位取得

博士（法学　筑波大学）

日本税務会計学会常任委員（法律部門）

［主な著書］

・『欠損金等をめぐる法人税実務Ｑ＆Ａ』（共著）（ぎょうせい、2012）

・『事例回答　現物給付課税の実務』（共著）（法令出版、2015）

・『デジタル化社会における消費税の理論と実務－インボイス方式への対応－』（ぎょうせい、2020）

≪執筆者≫
湊　義和（みなと　よしかず）

慶応義塾大学経済学部卒業後、日本政策金融公庫にて融資、債権管理、本店業務を経て、平成8年税理士登録

主な役職：東京税理士会中小企業対策部委員、会員相談室相談委員、日本税務会計学会常任委員（国際部門）

［主な著書］

・『所得税ハンドブック＜令和3年度版＞』（中央経済社、2021）

・『事例で学ぶ　生前贈与の法務リスクと税務リスク』（共著）（大蔵財務協会、2018）

・『中小企業が"本当に"使える　最新　事業承継対策の法務と税務』（共著）（日本法令、2020）

・『税理士が知っておきたい　50のポイント　資金調達』（大蔵財務協会、2012）

・『税理士が知っておきたい　50のポイント　創業支援』（共著）（大蔵財務協会、2015）

北出　容一（きたで　よういち）

東京税理士会麻布支部所属税理士、第二東京弁護士会所属弁護士

主な役職：日本税務会計学会委員（法律部門）、東京税理士会麻布支部研修部長

［主な著書］

・『これから大きく変わる相続税と法律　もう古い知識では役に立たない』（編著）（明日香出版社、2018）

・『民法改正で相続が大きく変わる！！』（編著）（明日香出版社、2020）

・『資産家のための法務と税務』（共著）（ぎょうせい、2021）

川﨑　啓（かわさき　ひろむ）

明治大学法学部法律学科卒業後、損害保険会社への勤務を経て、平成28年税理士登録、平成29年筑波大学ビジネス科学研究科企業法学専攻修士課程修了

主な役職：日本税務会計学会委員（法律部門）

［主な著書］

・『通知・判例からみる　農地をめぐる実務』（共著）（新日本法規出版、2021）

略　語　表

＜法令等の表記＞

根拠となる法令等の略記例及び略語は次のとおりです。

民事再生法第2条第1項第1号＝民再2①一

会更	会社更生法		法税令	法人税法施行令
会社	会社法		民	民法
会社規	会社法施行規則		民再	民事再生法
刑	刑法		労基	労働基準法
消税	消費税法		労組	労働組合法
所税	所得税法		労契	労働契約法
税徴	国税徴収法		労働契約承継	会社分割に伴う労働契約の承継等に関する法律
税通	国税通則法			
相税	相続税法		労働契約承継規	会社分割に伴う労働契約の承継等に関する法律施行規則
租特	租税特別措置法			
地税	地方税法		消基通	消費税法基本通達
破産	破産法		法基通	法人税基本通達
法税	法人税法			

＜判例の表記＞

根拠となる判例の略記例及び出典の略称は次のとおりです。

京都地方裁判所平成24年3月29日判決、労働判例1053号38頁

　＝京都地判平24・3・29労判1053・38

判時	判例時報		労判	労働判例
民集	最高裁判所民事判例集		労民	労働関係民事裁判例集
労経速	労働経済判例速報			

主要参考文献一覧

［第2章］

・金子智朗『理論とケースで学ぶ財務分析』（同文舘出版、2020）

・TKC中央研修所編『わかる財務三表できる経営助言』（TKC出版、1996）

・Ｐ・Ｆ・ドラッカー『現代の経営（下）』（ダイヤモンド社、1987）

・嶋田利広ほか『SWOT分析を活用した「根拠ある経営計画書」事例集』（マネジメント社、2020）

・小林忠嗣『DIPS実践による人事の戦略的革新』（ダイヤモンド社、1994）

［第4章］

・江頭憲治郎『株式会社法〔第8版〕』（有斐閣、2021）

［第5章］

・高橋正朗編『法人税基本通達逐条解説〔10訂版〕』（税務研究会出版局、2021）

・山川隆一『雇用関係法〔第4版〕』（新世社、2008）

［第6章］

・布施直春『不況に対応する「雇用調整」の実務』（中央経済社、2021）

・小鍛冶広道編『新型コロナウイルス影響下の人事労務対応Ｑ＆Ａ』（中央経済社、2020）

・岡崎教行ほか『Ｑ＆Ａとストーリーで学ぶコロナ恐慌後も生き残るための労働条件変更・人員整理の実務』（日本法令、2020）

・竹平征吾ほか編『新型コロナウイルスと企業法務』（商事法務、2021）

・菅野和夫『労働法〔第12版〕』（弘文堂、2019）

目　　次

第1章　相談の受付

第2章　現状・方針の確認

第1　決算書を確認する

第3章　資金確保策の検討

第5章 役員給与・賃金の検討

第6章　人員配置の検討

第7章　その他の経費・売上高の見直し

第8章　会社の再建又は清算の検討

第9章　個人事業への転換・再建又は清算の検討

第1　法人事業から個人事業へ転換する

第2　個人事業主の再建又は清算の検討をする

第 1 章

相談の受付

＜フローチャート～相談・受任の流れ＞

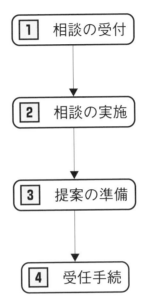

1 相談の受付

(1)　概略の確認 ■■■■■■■■■■■■■■■■■■■■■■■■■■■■■■■

　経営者又は紹介者から電話やメールなどで連絡を受けた場合、相談予約の受付をします。紹介者からの連絡であれば、まず、会社名と連絡窓口となる人の名前、電話番号（可能であればメールアドレス）、さらに、その会社の業種、資本金、従業員数など可能な範囲の会社の情報を聴き取ります。顧問先経営者からの連絡であれば、その財務状況を把握しているわけですから、状況を察したところで、なるべく早いタイミングで相談日の日程調整を行います。

　経営危機が背景にある場合には、経営者の悩みは相当に深いものがあります。相談者によっては、相談内容や企業情報などは電話などでは話したがらない場合もあります。また、従業員にも知られたくない情報もあります。この場合、無理をして内容を聴き取ることは差し控えましょう。事務職員の電話対応にも気を配るべきですが、常日頃からの丁寧な対応を指示・訓練しておく必要があります。

(2)　日程等の確認 ■■■■■■■■■■■■■■■■■■■■■■■■■■■■■■

　日程等の確認には注意をする必要があります。場合によっては、社員が察することのないような、時間帯・休日等を設定するケースもあります。相手の幹部共々状況を確認する必要がある場合には、会議形式で行う必要もあります。

　場所の設定も重要になります。情報を漏らさぬように専門家の事務所で行うことが好ましいケースもありますし、資料や関係者からの聴取を急ぐのであれば、会社の会議室の方がいい場合もあります。相談を受ける場合に、聴き漏らしがないように、相談を受ける側は、書記も考え複数名で対応することも考慮するべきです。

　また、状況確認の難度や心情の理解なども含めて、予定時間を超えることは十分に想定できますので、時間的に余裕を持った予定を組む必要があります。

◆守秘義務と紹介者への気遣い
　税理士や弁護士などの専門家が相談を受けられる、また相談者が安心して相談できる背景として、各専門家を規律する業法に定められた守秘義務があります。この守秘義務により、顧客との関係において高度な信頼を保つことができます。また、その守秘義務が専門家の品位ないしは行動規範につながっていることを相談者に理解しても

らえるように、相談時には、必要であれば守秘義務があることを伝え、また、余すことなく状況提供してもらえるような気遣いが必要になります。

＜参　考＞

○税理士法

（税理士の使用人等の秘密を守る義務）

第54条　税理士又は税理士法人の使用人その他の従業者は、正当な理由がなくて、税理士業務に関して知り得た秘密を他に漏らし、又は盗用してはならない。税理士又は税理士法人の使用人その他の従業者でなくなつた後においても、また同様とする。

○弁護士法

（秘密保持の権利及び義務）

第23条　弁護士又は弁護士であつた者は、その職務上知り得た秘密を保持する権利を有し、義務を負う。但し、法律に別段の定めがある場合は、この限りでない。

相談受付の一般的な手順

1　相談の連絡を受ける（顧問先以外）
　　会社名、住所、先方の窓口の氏名、電話番号、業種・資本金・従業員数の概略
2　相談日の設定を行う
　　早急に設定する。日時・相談場所は相手の状況を勘案して設定する。

(3)　相談日前の準備資料 ■■■■■■■■■■■■■■■■■■■■■■■■■■■■

　相談日前に相談者に準備してもらう資料、また事務所で準備しておくべき資料を確認します。効率の良い相談・ヒアリングを行うため、事前に聴き取り事項をまとめておきます。相談者によって、最低限必要な資料は異なります。共通して必要な資料は以下のようなものです。さらに、決算書等の財務資料は相談日前に一通り目を通して、状況の把握や質問事項をまとめておくと効率が良くなります。

相談日前の準備資料

①　税務署に提出した決算・申告書　2期分ないしは3期分
　　比較のための2期分ですが、3期分あれば推移がより明らかになります。

② 直前の試算表
　相談直前の財政状態と損益状況を把握します。
③ 会社の組織表
　会社の人的構成が職掌ごとに分かるもので組織を概観します。

2 相談の実施

(1) 相談者からの聴き取り ■■■■■■■■■■■■■■■■■■■■■■■■■■■

　相談を受ける際には、その聴き取りの仕方で結果が左右されるほど、聴き取りは重要な項目になります。ここでの聴き取りは、業務受任前のものになりますので、その業務を受けることが可能かどうか（作業工数、能力的に）、仮に受けたとした場合に、どの程度の作業量あるいは時間を要するのかを判断するためのものです。

　顧問契約を取り交わしている顧客については、通常の税務監査の過程、あるいは決算・申告業務を通じて把握している事柄は多いのですが、経営上の窮境に陥っている経営者は、経営環境（資金繰りや社内組織など）において通常の判断ができる状況にないことも想定できるので、その経営環境について、しっかりと質問をしながら聴き取りをする必要があります。ここでは、現状の経営の状況、とりわけ資金繰り、取引先の関係、商品やサービスの提供、社内組織の状況・雰囲気の把握などのアウトラインを捉える必要があります。

(2) 相談者への説明 ■■■■■■■■■■■■■■■■■■■■■■■■■■■■■

　相談者に対して、次のような項目に沿って説明していきます。相談者の精神状況等を勘案して丁寧に行います。

　なお、相談者からの聴き取りの結果、諸々の要件から受任ができないと判断した場合には、返事を引き延ばすことなく、その旨を明確に伝えます。

◆情報・資料提供の協力依頼
　経営状況の窮境から、改善・脱出をするためには、今後の方向性（ゴール）を定め、その手段の選択を吟味しながら進める必要があります。そこで、重要になるのは、相談者の協力です。当然の信頼関係はさることながら、情報や資料の提供を過不足なく行ってもらう必要があります。受任した税理士等に任せっぱなしでは、状況確認はも

とより、その効果について満足のいく結果は期待できないことになります。

◆提案までの期限の設定

　資金繰り、取引先との関係、社内組織の疲弊度などを冷静に判断して、相談者からの情報・資料などを提出してもらう期限、組織再編や資金対策などに要する期間の見積りをします。

　資金繰り等の関係から最終期限が設けられることが想定される場合には、その期限を厳守できるような作業工数を提示する必要があります。

◆報酬等の概略の説明

　相談者がもっとも気にしているのは、再建（経営改善）計画等に対する、税理士などの専門家報酬です。相談の段階で確定的な金額の明示は困難であろうと思いますが、相談者が依頼の可否を判断できる程度の、報酬の額の算定根拠やおよその金額を示すようにします。さらに、業務（契約）の内容などを事前に説明できるようにし、相談者の疑問点についても、曖昧なままでやり過ごすことなく、十分な理解を得られるような真摯の対応を心がけます。

3　提案の準備

(1)　依頼内容の確認 ■■■■■■■■■■■■■■■■■■■■■■■■■■■■■

　相談の段階では、相談者からの依頼（要望）を聴き取りましたが、受任手続を契約するに当たっては、依頼内容の最終的な確認を行います。相談者が想定している改善の方向性のイメージが、受任者の理解と齟齬があると、後日トラブルにもなりますし、報酬の授受の段階で支障が出る可能性もあります。また、相談の時に確認した相談者の協力を再度確認します。具体的な手続に入ってくると現地の確認や関係各省、銀行等への照会などで相談者の協力が欠かせないものとなってきます。契約の締結の際には、相談者の理解を得るとともに、その旨を契約書に織り込んでください。

(2)　提案の必要性の判断 ■■■■■■■■■■■■■■■■■■■■■■■■■■■■

　経営改善や社内組織の見直し等の提案については、窮境に陥った先方からの相談を

待って実行するというのは好ましくありません。少なくとも顧問契約を結んでいる顧客に対しては、毎月の経営指標の推移を把握し、こちらから状況を報告し、その経営危機の予兆を知らせ、具体的な施策を共に考える姿勢を示す必要があります。その繰り返しが、顧問先の事業存続に貢献するとともに、より良い信頼関係を構築することにもつながります。

　提案の必要性の判断は、継続した顧問契約の中で、随時提案を行う必要性があることを念頭におくこと、そして、紹介者からの依頼で相談を受ける場合には、しっかりした状況把握、協議、方向性の策定、実施などから、協力関係の構築度、作業工数、スケジュール感を見積もり、提案が可能かどうか、さらには受任できるかどうかの判断も重要になります。また、提案をするタイミングも重要です。特に、窮境に陥る過程においては、取引や社内組織、資金繰り等に予兆がでます。その予兆を見逃すことなく、提案のタイミングを探ります。

（3）　経営者への意識付けなど ■■■■■■■■■■■■■■■■■■■■■■■■

　今回のコロナ禍のような、世界経済がマヒするような環境下におかれると起業からあまり年数が経っていない経営者にも、引退を意識するような高齢である経営者にも、同様に窮境の状況が襲ってきます。この場合に、**第3章**にあるように、資金繰り等が直接的に経営にインパクトを与えます。この場合、経済産業省のホームページや各種メディアで取り上げられている情報（融資制度や給付金・補助金）を提示し、一緒に資金繰りを考える姿勢が必要です。また、その改善の旗振りを誰が行うのか（現経営者か後継者か、あるいは、経営幹部なのか等）を見極める必要もあります。

（4）　費用の例示 ■■■■■■■■■■■■■■■■■■■■■■■■■■■■■

　ここでは、提案にかかる税理士等の専門家報酬だけではなく、窮境を脱するに当たり、想定される費用を例示します。ただし、想定の中で正確な費用を算出することは困難ですし、依頼者は、通常のコスト計算は自身である程度はできるでしょう。ここでは、受任した税理士や弁護士費用、司法書士や社会保険労務士などの専門家の概算費用、あるいは、財産の移転に当たっての税額の概算等を示せば十分だと思います。

4　受任手続

（1）　提案内容の骨子の提示 ■■■■■■■■■■■■■■■■■■■■■■■■■

提案内容が、人的組織あるいは営業構造の改善、さらには資金調達などの個別事項であるのか、又は、経営改善計画や資金繰り計画の策定などの計画書の作成を伴うのかは、その相談者や会社の現況によると思われますが、この段階では、その相談者の行動を促すような提案内容を提示する必要があります。ここでは、今後のスケジュールの概要と提案内容の骨子を示すことになります。実際の作業は、現場の状況で変化を強いられる可能性が高いので、変更も視野に入れた柔軟性のある骨子を提示します。

（2）　受任契約の締結 ■■■■■■■■■■■■■■■■■■■■■■■■■■■

窮境を脱するための状況確認のための財務分析、経営改善計画、資金調達などの個別支援さらには計画策定のための業務の受任については、既に顧問契約のある顧客と紹介者からの紹介による初見の顧客とは、その状況の把握度、実際に係る作業工数、信頼の構築期間には自ずと差があります。また、顧問契約のある相談者には、作業工数などがかかる計画づくりは別として資金調達等については、その顧問契約の中に含めて考える必要がある場合が多いと思います。以下、顧問契約のない顧客に対する契約の雛形を参考までに示します。

【参考書式1】業務改善・資金繰り支援等委託契約書

◆受任者の報酬の提示

税理士の顧問報酬については、規制緩和により、規定が撤廃されましたが、経験や作業工数、訪問頻度などにより、慣習的に報酬の目安が認められます。

ただし、窮境に陥った場合の、支援業務については、税理士業務以外の経営コンサルタント業務となるので、一般的には、その作業工数、いわゆる時間報酬あるいは日当計算などが妥当と考えます。また、その作業の内容が状況により変化し、顧客との協議が常態化するような場合は、月次報酬の形をとってもよいでしょう。さらに、顧問契約がある顧客について、顧問料の範囲（無償）で支援を行う場合でも、支援の目的や業務範囲などは、覚書などで明確にしておく必要があります。

【参考書式1】業務改善・資金繰り支援等委託契約書

業務改善・資金繰り支援等委託契約書

　○○○○株式会社（以下「甲」という。）と税理士法人○○○○（以下「乙」という。）は、業務改善・資金繰り支援等の委託に関して、次のとおり契約する。

第1条（契約の成立）
　　甲は、次の業務を乙に委託し、乙はこれを承諾した。（注1）
① 財務分析を通して行う経営課題の整理業務
② 資金調達等に関する指導・助言
③ 人事制度の見直しに関する指導・助言
④ 事業の見直し、再編に関する指導・助言
⑤ 経営改善計画の策定支援業務
⑥ 資金繰り計画等の策定支援業
⑦ その他、甲乙合意の上、決定した事項

第2条（委託業務の実施）
　　乙は、甲の経営状況及び要望を考慮しつつ、委託された業務を進めるものとする。なお、甲は、乙の意見を聴いて、資料の提供・状況の報告等に関して協力するものとする。

第3条（業務の報告）
　　乙は甲に対し、毎月5日までに、前日までの業務の進行状況を文書で報告するものとする。なお、最終報告が必要な業務については、最終業務報告書を提出する。

第4条（業務報酬）
　　甲は、乙に対し第1条の業務の報酬として、金○○円を支払うこととし、うち金○○円を本契約締結と同時に支払い、残額を最終業務報告時に報告書の提出と引き換えに支払うものとする。（注2）

第5条（秘密保持義務）
　　乙は、本業務内容を第三者に漏えいしてはならない。

第6条（契約解除）（注3・4）

　　甲は、いつでもこの契約を解除できる。この場合、既になされた業務の内容に応じて報酬の精算を行うものとする。

　　上記契約の成立を証するため、本契約書を2通作成し、甲乙各1通を保有するものとする。

　　　　　　　　　　　　　　　　　　　　　　　　　令和○年○月○日

　　　　　　　　　　　甲　○○県○○市○○町1−2−3
　　　　　　　　　　　　　○○○○株式会社
　　　　　　　　　　　　　　代表取締役　甲野　太郎　㊞
　　　　　　　　　　　乙　○○県○○市○○町2−3−4
　　　　　　　　　　　　　税理士法人○○○○
　　　　　　　　　　　　　　代表社員　乙川　一郎　㊞

（注1）　実際に行う業務について列挙し、必要な、かつ実施可能な項目以外については、いたずらに羅列しないこととします。

（注2）　経営改善等については、日当計算や時間計算が妥当する場合もありますが、業務の範囲や期間が特定しにくいケースがほとんどと思われますので、月額報酬のケースの方が、運用しやすい場合が多いと思われます。

（注3）　本契約では、甲からの一方的な解除を可能としました。また、期間については、その業務の性格上特に設けていません。

（注4）　以上の契約書は、原則として顧問契約のない顧客を前提としました。顧問契約のある顧客との約定は、報酬授受の有無にかかわらず、「覚書」にして、第6条は不要と考えます。また、契約上の報酬については消費税の取扱いを明確にし、契約書には印紙を貼付します（業務委託契約書は印紙税法上の2号文書に該当します。）。

第 2 章

現状・方針の確認

14

第１　決算書を確認する

＜フローチャート～決算書の確認＞

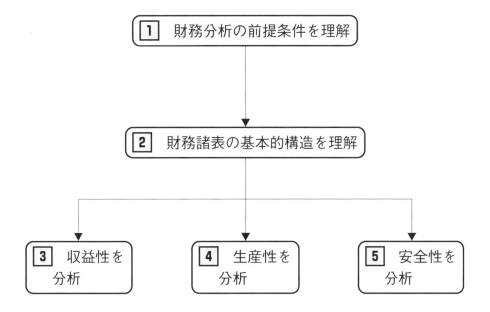

1 財務分析の前提条件を理解

(1) 財務分析の意味を理解する ■■■■■■■■■■■■■■■■■■■■

　顧問先が様々な環境の変化により事業の存続の可否、すなわち縮小や休廃業を検討する際に、行わなければならないことは、現状の確認と分析、そして今後の予測です。幸いなことに、簿記会計という技術が確立しているので、その技術から導き出された報告資料を基に様々な分析が可能となっています。財務分析は、計算式等から成り立っていますが、制度会計のように、債権者や株主等に対して行う報告方法などの共通のルールがあるわけではありません。なぜならば、財務分析の対象となる企業が抱える経営課題は様々であり、その業種の特性によっても使う分析手法が異なってくるからです。

　したがって、計算式を単に覚えるだけでは意味がありません。数式を覚えるのではなく、その意味を理解することが重要になるのです。そして、数式はほとんど簡単な分数式なのですが、その意味を考えるポイントは、分母と分子の対応関係・関係性・整合性を理解することにあります。そうすれば、その算式の意味するところから、その企業の抱える課題が見えてきますし、その会社にとって、さほど重要でない項目があることに気付くようになります。

(2) 制度会計とは違うことを理解する ■■■■■■■■■■■■■■■■■■

　財務分析を考える上で、是非とも押さえていただきたい重要なことは、利害関係者に対して報告義務を負う企業が遵守すべき制度会計とは異なり、様々な応用・展開が考えられるということです。財務分析とは、財務諸表に記載されている会計情報を様々に指標化して見るものです。会計というと制度会計を思い浮かべ、財務分析で用いられる各種指標も「制度的に何か一定のルールが決まっている。」と思われがちです。

　財務分析は制度的にルール化されているものではなく、分析する該当会社、さらに分析をする者によって、同じ指標によっても様々な計算式、さらには、オリジナルな定義式も存在することを理解しておいてください。現場の分析においては、計算式も一律に使われるわけではなく、どれが正解なのかは画一的にあるわけではないのです。これは、分析をする者が分析目的に応じて複数の定義式を使い分ける必要があるということを意味します。

(3)　実数と比率による分析・複数年度の推移 ■■■■■■■■■■■■■

　ここで財務分析の基本的なやり方を示します。一つは、決算書中の各勘定科目の複数年度の推移を見る実数分析です。もう一つは、各勘定科目（あるいは科目群）を分数式に当てはめて、割合を計算する比率分析です。実数分析にしても、比率分析にしても4年から5年にわたる複数年度の推移を分析するのが原則です。2期比較の決算書を作成されている会社は、隔年分の決算書を手に入れれば、4期分の時系列分析が可能となります。なぜ単年度ではなく、複数年度の分析が必要なのかというと理由は二つあります。一つは、時系列での変化が読み取れるという理由です。もう一つは、単年度だとその数値がその年度固有のものなのか、それとも、その企業の体質的なものなのか、見極めがしにくいという理由によります。その年の突発的な事由により導き出された数値がその企業の体質だと決めつけられてしまうと、現状の判断、ひいては次の打ち手にまで悪い影響を与えかねないからです。また、分析結果は、数値の羅列だけではなく、グラフ化することが財務分析の基本になります。

┌─────── アドバイス ───────┐

　次に示すようなケースの場合には、各年度で会計情報の連続性が保たれておりませんので注意が必要です。
① 会計年度の変更があった場合
　変更がなされた年度は12か月に満たないので、12か月に換算するようにします。
　→個別注記表に注目します。
② 会計基準の変更があった場合
　会計基準の変更がなされた場合には、会計基準間の差異を調整するか、以前の会計年度は分析対象から除外するなどの対応が必要です。
　→個別注記表に注目します。
③ 企業買収（M＆A）があった場合
　企業買収が行われた場合でも、会計情報の連続性は保たれません。もともと、買収後は貸借対照表も損益計算書も従来の会社のものとは様変わりになります。
　→株主総会議事録や調査会社（例えば帝国データバンクなど）の調査報告が参考になります。

└──────────────────────┘

(4)　財務分析の重要な目的 ■■■■■■■■■■■■■■■■■■■■■

　財務分析の重要な目的は「経営課題の抽出」にあります。現状の会社のどこに問題

があり、その問題の中で実現可能性・優先順が高いものを抜き出し、その解決に向けて取り組むべき事柄が「課題」になります。この場合、経営における問題意識の具体化されたものが「仮説」となります。例えば、小売業の売上げが落ちた場合の理由を探る場合、市場が変化したのか、従業員の人員配置や売り方に問題があるのか、競合商品が出てきたのかを売上総利益率や労働生産性などから検証していくわけです。今後の打ち手を決めるのは、数字の羅列やきれいなグラフではなく、それを具体的に人の動きまで落とせる指標となるわけです。

2　財務諸表の基本的構造を理解

(1)　財務諸表の基本三表（B／S、P／L、C／F）■■■■■■■■■

　財務分析に入る前に、その対象となる財務諸表いわゆる決算書について確認しておきましょう。その分析を効果的ならしめるためには、各種指標の計算式の意味を理解する必要があるのですが、そのためにも、その計算式の要素が詰まっている決算書について理解しておく必要があるのです。もとより、ここでは制度会計の視点で決算書をとらえることはしません。財務分析は企業の財務状況をその現状に応じて対局的に捉えるものですから、決算書についても、その構造から必要な情報を抽出するという視点が大切です。

　決算書といえば、貸借対照表（Balance Sheet: B／S）と損益計算書（Profit and Loss Statement: P／L）がメインとなる表です。これにキャッシュ・フロー計算書（Cash Flow Statement: C／F）を加えたものが一般的に財務諸表の基本三表といわれているものです（宇田川荘二『中小企業の財務分析―経営・原価指標の分析・活用［第5版］』23〜35頁（同友館、2020））。

　まず、貸借対照表と損益計算表の二つの表から知りたいことは、端的にいうと「利益」が上がっているか、その利益に見合う「財産」が増えているかどうかです。そして、財産の増減を知るためには、一定時点の財産の一覧表と、一定期間経過後（通常は1年後）の財産の一覧表とを比較すれば財産の増減は分かります。この財産一覧表が貸借対照表であり、正味の財産の増加額が利益と一致していることが分かります。

　つまり、貸借対照表だけで利益を把握することができるのですが、その生成過程が貸借対照表だけでは分かりません。そこで、その利益（財産）が増減するに至った一

定期間のプロセスを記録したものが損益計算書というわけです。つまり、財務諸表は、貸借対照表と損益計算書という二つの表を組み合わせることによって、「プロセス」と「結果」の両面から利益と財産の増減の両面を把握できるようになっているのです。

(2)　貸借対照表と損益計算書の構造とその関係性 ■■■■■■■■■■

◆貸借対照表の構造を読み解く

　ア　貸（左）・借（右）の構造を理解する。

　貸借対照表は左右一対の表になっています。その左右の関係を掴むのが財務分析の第一歩です。貸借対照表は一定期間の純資産（財産から債務を控除したもの）の増減を利益（マイナスの場合は損失）と捉えます。その利益は、経営という仕組みの中から生み出されます。貸借対照表に即していうと、株主と債権者（銀行など）という資金提供者からビジネスの元になる資金を調達して、その資金でもって経営に必要なものを揃えていきます。調達した資金は、返済義務のあるものを「負債」といい、返済義務のないものを「資本」といいます。貸借対照表では、右側の上に「負債」を、下に「資本」を表示しています。その資金を使って買い揃えられたもの、例えば社屋、設備、原材料などを「資産」といいます。どこから資金を調達して、どのようにそれを資産として運用するのかということですから、同じ事実を異なる視点で捉えた結果として左右は一致することになります。

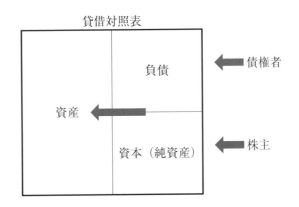

　イ　上下の構造を理解する。

　財務分析をする上で、貸借対照表の上下の位置関係は重要です。次の図表にあるように、資産・負債の部は上から下に向かって、流動性の高い順、すなわち換金性の高い順に並んでいます。区分上は、「流動」と「固定」とが使われています。その「流動」

と「固定」は、原則としてワン・イヤー・ルール（1年基準）という基準が適用され、ワン・イヤー・ルールにおける「流動」とは1年以内に換金される予定の資産あるいは1年以内に返済期限が到来する負債をいい、「固定」とは、1年を超えて換金される予定の資産あるいは1年を超えて返済期限が到来する負債をいいます。なお、純資産には返済義務はありません。

　財務分析をする上では、「固定資産」は、1年を超えて換金というより、原則として1年を超えて使い続けるということを前提として考えます。また、「固定資産」の下に「繰延資産」という区分がありますが、これは、もともと換金性がない会計上の資産として財務分析上は対象にしなくても構いません。

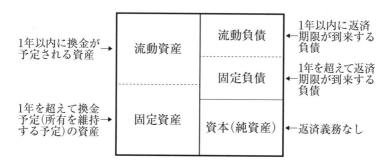

◆損益計算書の利益の意味と利益の行く末

　ア　利益の意味

　損益計算書は一定期間（営業期間）の利益を計算する表ですが、最終的な利益だけではなく、その過程において発生する事柄を織り込んで段階的に利益を計算していきます。

① 売上総利益（粗利）

　売上げから売上原価を差し引いたものをいいます。

② 営業利益

　売上総利益から、その利益を獲得するためにかかった販売費及び一般管理費を控除した利益をいいます。

　「営業」＝「本業」というように捉えて、営業利益は、「本業で獲得した利益」とします。

③ 経常利益

　営業利益に本業外の要素、例えば金融取引である利息や配当金を加減して求められる利益です。経営をする上で、ここまでは常に発生する利益として経常利益とされています。

④　税引前当期利益

　経常利益に、非経常的な突発的な利益や損失を加味して計算される利益です。

⑤　当期利益

　原則として利益に対して課税される法人税等を控除して計算される「手取りの利益」をいいます。

　イ　利益はどうなるのか

　「当期利益」は、まず株主に対する配当として使われ（会社法で規定される配当可能限度額が限度）、残りは内部留保として、将来の資金源（投下資本）として蓄積されます（利益剰余金に組み入れられます。）。

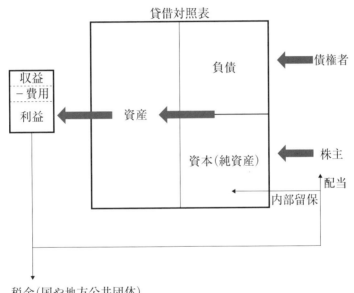

(3)　キャッシュ・フロー計算書の位置付け ■■■■■■■■■■■■■■

　キャッシュ・フロー計算書は一定期間の「キャッシュ（現預金）等財産の増減プロセス」を見るものです。一定期間の動き（フロー）を見るという意味では、損益計算書と似ていますが、損益計算書が全財産の増減プロセスを表現するのに対して、キャッシュ・フロー計算書は、その財産の中からキャッシュを抜き出してその増減プロセスを見るものであるという関係にあります。

　ちなみに「キャッシュがマイナス」ということと「キャッシュ・フローがマイナス」という表現に注意していただきたいのですが、「キャッシュがマイナス」というのは文字どおり「現金が無くなった。」ということです（実際には、現金がマイナスというの

はあり得ないのでどこからか借りたことになります。)。これに対して「キャッシュ・フローがマイナス」というのは、「資金が流出して財産が減った。」ということになります。

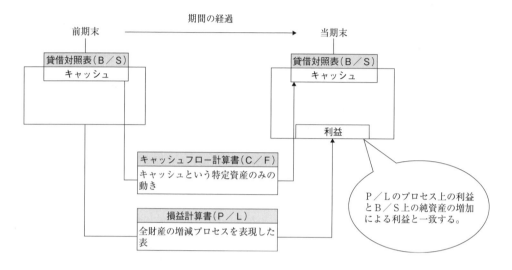

3　収益性を分析

(1)　収益性分析の持つ意味■■■■■■■■■■■■■■■■■■■■■■■■

　収益性を分析するということは、その企業の稼ぐ力を見るということにほかなりません。稼ぐ力というのは、要するに利益の程度のことですから、何をもって利益を上げたのかを分析するのと、その利益は、損益計算のプロセスの中のどの段階の利益から派生しているのかということに注意をする必要があります。利益の絶対額は、その事業の規模や資金の使い方で評価が決まってしまうので、他企業との比較などの指標として、資本利益率を使った方が比較分析が合理的に行えます。そうすれば、企業規模の大小に関わらず、収益性を比較することが可能となります。前記2(2)で確認したように、財産の循環は、株主と債権者（銀行など）という資金提供者から会社が調達した資金を「資産」として活用する仕組みを作った上で、それを運用して損益計算書に表示される収益と費用を発生させ、その差額としての利益を生み出します。つまり、利益が生み出される状況を俯瞰すると、資金提供者がこの企業に投下した資本がインプットであり、そのアウトプットが回収された利益になります。注意しなければ

ならないのは、売上高事業利益率を、収益性を測る指標と決めつけると、事業規模を表す資金規模が取り込まれていませんので事業の縮小や休廃業の判断材料としての適性性に欠けるといえると思います（後記(3)参照）。

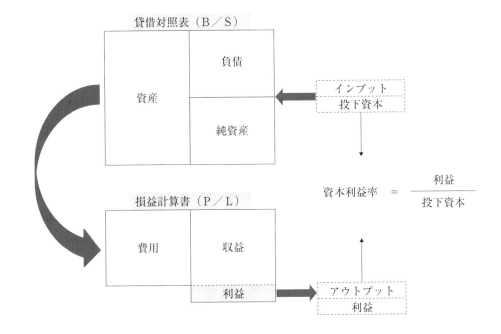

(2) 総合的利益指標（資本利益率）の意味と用いる数値 ■■■■■■■■

収益性を大局的に俯瞰するための指標としては、資本利益率が基本となりますが、「利益」と「投下資本」にどの数値を使うのかは、その分析の目的によって違ってきます。

まず、企業の総合的な収益力を見る指標としては、「総資本事業利益率」が適しています。「総資本」とは「負債」と「純資産」との合計額であり、貸借対照表の右側（貸方）をいいます（結果として、総資産とイコールです。）。

どの段階の利益を採用すべきかというと、「経常利益」をベースとして採用すべきです。なぜならば、「経常利益」は金融収支まで含めた、その企業の恒常的な儲けの指標となり得るからです。ただし、経常利益をそのまま使うのではなく、「経常利益」に支払利息を加えるという修正を行うことにより正確な指標となり得ます。つまり、貸借対照表の左側である、資産の運用のパフォーマンス（事業活動による利益）を分析する際に、貸借対照表の右側の違い（負債と純資産の違い）を利益に反映させるのは、

資金調達という財務活動のコストを反映させると、収益性の判断としては好ましくないという考え方によります。その企業の「恒常的で一過性でない実力」を表すためには多少の修正が必要と考えますが、「経常利益」を使った分析も簡便であり、場合によっては「営業利益」も考えられます（金子智朗『理論とケースで学ぶ財務分析』54 頁（同文館出版、2020））。なお、経営分析の各指標については同書を参考にしました。

　図表中の算式の分子について、どの「利益」を指標とするかは、その会社の状況・分析目的・分析者の判断次第です。また、分母の総資産には前期末と当期末の平均値を使います。つまり、1 年間かけて作った利益は、その時々の資産が運用された結果の累積額なので、時間的に比較対応させる必要があるからです。

＜参　考＞

　総資本事業利益率（ROA（Return On Assets））＝事業利益／総資本×100（%）

　なお、自己資本利益率（ROE（Return On Equity））＝当期純利益／自己資本×100（%）という、株主という特定の利害関係者だけから見た収益性指標がありますが、事業全体の見直し等につながる指標ではないので、ここでは詳細は割愛します。

(3)　売上高事業利益率と総資本回転率 ■■■■■■■■■■■■■■■■■

　前記(1)で売上高事業利益率を収益性の単独指標とするのは好ましくないという話をしましたが、総資本事業利益率を掘り下げる過程で求められる売上高事業利益率には意味があります。

　総資本事業利益率（ROA）を分析するときには次のように分解するのが基本的なアプローチです。

　総資本事業利益率（ROA）＝事業利益／総資本×100（%）

　　　　　　　　　　　＝ ｛売上高／総資本（回）（総資本回転率）｝

　　　　　　　　　　　× ｛事業利益／売上高×100（%）（売上高事業利益率）｝

　これは、①総資本がどのように運用されてどれだけ売上げを生み出したのか（総資本回転率）、そして②その売上高からどのような費用が引かれて利益が残ったのか（売上高事業利益率）ということを表す算式に変化します。

① 総資本回転率

　総資本回転率は、企業における金回りの良し悪しを見る指標です。

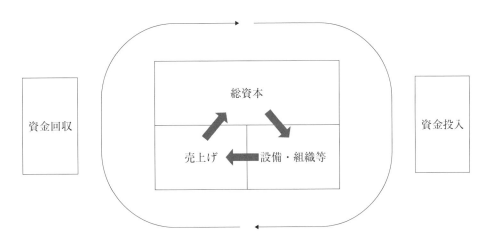

　この場合、業種によって、回転率に差が出ることに注意を要します。つまり、大きな設備等の仕組みを必要としない流通業や小売業は、総資本回転率が高く、設備産業や装置産業は総資本回転率が低くなる傾向があります。要するに総資本回転率は、その良し悪し以前に業種特性が強く出る傾向にあるのです。逆説的に、業種が同じであれば、総資本回転率は同じような傾向があるので、そこで差が出るのであれば、そこが改善の対象となると考えてよいと思います。

② 売上高事業利益率

　売上高事業利益率は、事業利益／売上高という算式で計算されますが、この率を上げるためには、事業利益を上げるか、売上高を下げるかということになりますが、このままでは、分析となりません。

　そこで、事業利益を売上げから費用を引いたものだとして算式を展開していくと、

　事業利益／売上高＝（売上高－費用）／売上高＝1－（費用／売上高）

となります。この算式の意味は、費用／売上高で表される売上高費用率を下げる、そのためには費用を下げるか、売上げを上げるかということになります。ただし、費用は、ただ削減の対象ではなく、売上げを上げるための必要なコストという意識で、経営改善計画を見直す必要があります。

(4)　企業の成長の指標を考える（損益分岐点売上げ）■■■■■■■■■

　企業の収益性を考える基本は、総資本事業利益率ですが、本書では、利益を獲得するための目標設定のための損益分岐点売上げ、さらに売上高等増加率についても収益性分析の項目に含めて考えます。

◆変動損益計算書への組換え

　変動損益計算書とは、全ての費用を売上げに伴って増減するか否かにより、「変動費」と「固定費」に分けて表示した損益計算書です。

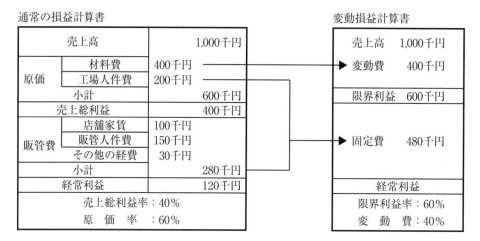

① 変動費

　売上げの増減に伴って変動する費用のことです。

　例えば、材料費、商品仕入高、外注費、工場消耗品費などがあります。

② 固定費

　売上高が変化しても変動しない費用のことです。

　例えば、役員給与、従業員給与、減価償却費、支払利息などがあります。

③ 限界利益

　売上高から変動費を差し引いた利益のことです。

　(注)　通常の損益計算書では、製造原価に人件費などの固定費が含まれてしまうので、売上総利益は売上高に比例しません。これに対し変動損益計算書の構成要素である変動費は売上高の増減に伴って変動しますので、売値や仕入れ値が変わらない限り限界利益率は一定となります。すなわち、限界利益は売上高に比例するわけです。そこで、変動損益計算書では、売上高を「単価×数量」という式に分解することにより、「いくら売らなければならないのか」という金額ベースの検討のみならず、「いくつ売らなければならないのか」といった数量ベースの検討を行うこともできるのです（TKC全国会経営助言委員会月次経営助言小委員会編『わかる財務三表できる経営助言』26・27頁（TKC出版、1996））。

$$\boxed{\text{ケーススタディ}}$$

【ケース1】限界利益率、固定費額が変化しない場合

Q　目標利益が240千円の時は、何個のパンを売らなければならないのですか（パンは単品で売上単価100円とします。1個当たりの変動費は40円で、固定費は月480千円かかるものとします。）。

A　目標売上げ＝（固定費480千円＋目標利益240千円）／限界利益率60％＝1,200千円

※1,200千円÷＠100円＝12,000個　販売目標は「12,000個」です。

【ケース2】固定費額が変化した場合

Q　新規にアルバイト1名（予想人件費60千円）を採用して、なおかつ目標利益を240千円としたときは、何個のパンを売らなければならないのですか（パンは単品で売上単価100円とします。1個当たりの変動費は40円で、固定費は月480千円かかるものとします。）。

A　目標売上げ＝（固定費（480千円＋60千円）＋目標利益240千円）／限界利益率60％＝1,300千円

※1,300千円÷＠100円＝13,000個　販売目標は「13,000個」です。

【ケース3】限界利益率が変化したとき

Q　ケース1においてパンの売価を80円に値下げして、目標利益を240千円としたときは、何個のパンを売らなければならないのですか。

A　目標売上げ＝（固定費480千円＋目標利益240千円）／限界利益率50％（注）＝1,440千円

（注）　｛（80円－40円）／80円｝×100＝50％

※1,440千円÷＠80円＝18,000個　販売目標は「18,000個」です。

4 生産性を分析

（1） 経営資源（ヒト、モノ、カネ）と生産性 ■■■■■■■■■■■■■

　生産性とは、経営資源の活用度合いのことをいいます。具体的には、投入された経営資源がどれだけ効率的に付加価値を生み出しているかという指標になります。そして、一般的には経営資源とはヒト、モノ、カネといわれており、生産性の算式における経営資源にもヒト、モノ、カネを使います。

◆生産性の計算式
① ヒトに対する生産性
　労働生産性をいいます。具体的には従業員数を使います。
　労働生産性＝付加価値額／従業員数
② モノに対する生産性
　設備生産性をいいます。具体的には有形固定資産価額をいいます。
　設備生産性＝付加価値額／有形固定資産額
③ カネに対する生産性
　資本生産性といいます。具体的には総資本価額をいいます。
　資本生産性＝付加価値額／総資本
　ここでいう、付加価値という概念は、様々に定義付けられています。概念的には「企業が新たに生み出した価値」ということです。付加価値の考え方・計算方法には様々あり、しかも統一されているわけではないので、実際計算するのは大変です。一つの考え方として、付加価値の分配面に着目してヒトという経営資源の提供者に対して「人件費」として分配し、モノという経営資源の提供者に対して「賃料や減価償却費」として分配し、金という経営資源の提供者には、「金融費用」と「当期純利益」として分配されると考えます。実際の分析には、売上総利益（粗利）を付加価値額とすれば差し障りはないと思われます。

（2） 労働生産性とその現代的意義 ■■■■■■■■■■■■■■■■■

　政府が提唱する「働き方改革」の影響が中小企業まで及び始めています。そこで、主張される多くは、残業時間削減に象徴される残業時間の是正から派生するようです。その根拠として取り上げられるのは、我が国の労働生産性の低さで、その状況は、惨

憺たるものとなっています。Ｇ７構成国中では、毎年最下位です。令和３年には、OECD加盟国38か国中23位という低さです（「労働生産性の国際比較2021」公益財団法人日本生産性本部ウェブサイト）。その中で特にホワイトカラーの生産性の低さが指摘されています。そこで、長時間労働を是正して、生産性を上げるという議論になるわけですが、長時間労働を是正することが、生産性の向上につながるかというと、一概にそうとはいえません。以下の指標の意味を理解することが、生産性の向上、ひいては長時間労働の是正のための行動計画につながると思います。

◆労働生産性を分解して考える

　労働生産性を考える場合には、ヒトを「売上高」と「設備（モノ）」と「資本（カネ）」を介して考えると解りやすくなります。労働生産性の基本の定義式は、一人当たりの付加価値として定義されています。

　ところが、この定義式には「時間」の概念がないので、労働時間を減らしただけでは、労働生産性は変わらないことになります。そこで、経営上の重要なファクターである、「ヒト」「モノ」「カネ」を介して俯瞰しなければ、労働生産性の向上の分析にはつながらないことが分かります。

　この場合注意しなければならないのは、設備や資本についても、労働者の仕事を通して見る必要があるということです。

① 　売上高を介して展開

$$労働生産性 = \frac{付加価値額}{従業員数}$$

$$= \frac{売上高}{従業員数}（一人当たり売上高）\times \frac{付加価値額}{売上高}（付加価値率）$$

　従業員を減らさずに労働時間を短縮した場合には、付加価値（利益）の源泉である売上げが減少する可能性が十分にあります。上記の展開式から一人当たり売上高の向上と付加価値率の向上のための施策が重要であることが分かります。突き詰めると、一人一人の付加価値を生み出す「付加価値活動時間」の比率を高めることが経営改善の重要施策であることが分かります。

② 　設備（モノ）を介して展開

$$労働生産性 = \frac{付加価値額}{従業員数}$$

$$= \frac{有形固定資産}{従業員数}（労働装備率）\times \frac{付加価値額}{有形固定資産}（設備投資効率）$$

　一般に労働集約性が高いサービス業などでは労働分配率が高くなり、資本集約性が高い装置産業や設備産業である製造業では設備分配率が高くなります。つまり製造業では、労働生産性を一人当たりどれだけの設備投資が装備されているのか、その設備投資がどれだけの付加価値を生んでいるのかという視点で見る必要があります。

③　資本（カネ）を介して展開

$$労働生産性＝\frac{付加価値額}{従業員数}$$

$$＝\frac{総資本}{従業員数}（資本集約度）×\frac{付加価値額}{総資本}（総資本投資効率）$$

　最後に、労働生産性を資本（カネ）を介して分解すると、資本がどれだけ従業員一人に対して集約されているのか、そして、その資本がどれだけ付加価値を上げているのかという視点で展開されます。

　ドラッカーは、従来の資本主義の後にくる「ポスト資本主義社会」においては、情報・知識が重要になると喝破しています。人を介して、資本（カネ）が情報・知識の蓄積に投下されるかという基準を十分に考慮する必要があると思います（P・F・ドラッカー『現代の経営（下）』154頁（ダイヤモンド社、1987））。

(3)　労働生産性の重要性 ■■■■■■■■■■■■■■■■■■■■■■■■■

　従来の資本主義社会では、重要なファクターは資本や設備でした。従業員は、その資本や設備を動かすコマのような時代もありました。ドラッカーのいうポスト資本主義社会においては、従業員が情報や知識を操る経営資源として注目を浴びるのはいうまでもありません。

5　安全性を分析

(1)　安全性分析の手法 ■■■■■■■■■■■■■■■■■■■■■■■■■

　安全性とは、基本的にキャッシュの支払能力のことをいいます。その分析方法として貸借対照表のある一定時点の固定的な財務情報を使って分析する方法を静態的分析といいます。この静態的分析は、貸借対照表のみを使いますので、比較的簡単に分析ができます。ただし、一時点の断片的な情報を使う静態的分析は、一定の傾向を把握する簡便的な分析方法といえます。

　キャッシュの支払能力を見るためには、キャッシュそのものの動きを観察する必要があります。キャッシュの動きを見る安全性分析は、動態的分析といいます。利益が

あるからといって、キャッシュの動きが健全かどうか分かりません。企業から見ると、キャッシュ・フローは、企業外から資金を調達（財務活動）して、それを投資（投資活動）し、営業活動によりリターンを受ける（営業活動）という三つに分けて考えると分かりやすくなります。それを一覧にしたのがキャッシュ・フロー計算書になります。

　もう一つの分析方法として、資産、特に債権の回転期間があります。

　とりわけ、債権・債務・在庫の回転期間の分析が資金繰りを見る場合のポイントになります。

(2)　静態的分析（貸借対照表分析）■■■■■■■■■■■■■■■■

　静態的分析の基本的な考え方は、「支払原資の方が支払義務より大きい方が安全」ということです。貸借対照表の負債の部（右側）は、支払義務となり、資産の部（左側）は、支払原資となります。単純に額を比較するよりも、比率で比較した方が、企業規模を超えて斟酌しやすくなります。例えば、支払原資を支払義務で割った比率を計算する場合、結果が1を超える度合いが大きいと支払原資の方が支払義務よりも大きいので安全と判断できることになります。

◆債務超過の考え方

　貸借対照表の、資産の部よりも負債の部の方が上回っている状態を債務超過の状況といいます。ちなみに債務とは法律用語であり、会計上の負債とは厳密にいうと同意義ではありませんが、「債務超過」という場合の「債務」は「負債」のことを指しています。債務が資産を上回るということで、「純資産」はマイナスとなります。その理由の典型は赤字の累積です。実際には、毎期の利益や損失が計上されてきた結果が赤字となり、資本金を侵食している状況をいいます。

　これは、貸借対照表の一定時点を切り取ってみて、資産の全てを換金できたとしても、その時点の支払義務を全て履行できないという状態をいいます。全ての支払が履行できないということですから、債務超過は実質的な経営破綻とみなされるということです。通常業務を続けることは可能ですが、企業の信用力が著しく低下すると見ていいと思います。特に債権者から見れば、債権回収のリスクが高まり、資金借入れどころか、貸し剥がしも考えられます。ただでさえ、業績不振で資金繰りが悪化しているところに、資金調達の途が閉ざされるわけですから、資金ショート及び破綻の可能性が高まるというのが債務超過の意味するところです。

◆短期と長期の考え方について

　ア　短期的（1年以内）安全性について

　短期的な安全性を見るための指標は流動比率です。定義式は以下のとおりとなります。

　流動比率＝流動資産／流動負債×100（％）

　この定義式は、今後1年以内に見込まれるキャッシュの流出額を上回る流入があるか見るための指標です。流動比率は、理論的には100％を上回っていて、比率が高ければ高いほど安全ということですが、①流動資産の全てにキャッシュでの回収可能性があるとは限らない、②回収と支払のタイミングは比率では分からない、ということを念頭において、安全性を判断する必要があります。

　また、流動資産を当座資産や現金に置き換えて比率を考える場合もありますが、現金などは新たな富を生まない資産なので、いたずらに高ければいいというものではないという視点も重要です。

　イ　長期的（1年超）安全性について

　長期的な安全性を見るための指標は固定比率です。定義式は以下のとおりとなります。

　固定比率＝固定資産／純資産×100（％）

　固定資産は、土地、建物、設備などを保有し、使用することを目的とする資産です。換金性が低く、しかも一般的に高額なものが多いです。

　定義式の分子の固定資産よりも分母の純資産の方が大きければ、固定資産の全てを返済不要の自己資本の範囲で賄い、紐付けされる返済すべき債務はないということになります。したがって、固定比率が100％未満であれば安全といえます。

＜参　考＞

　固定長期適合率＝固定資産／（純資産＋固定負債）×100（％）

　固定資産が純資産の範囲内に収まっていれば、通常の運転資金には理論的には影響がないので安全ですが、実際には、固定資産が100％未満になることはほとんどありません。そこで実質的に安全かどうかを自己資金に長期のローンを組み合わせた範囲に、固定資産が収まっているかどうかで判断します。固定長期適合率は、固定比率の補完的な位置付けとされるのが一般的ですが、実務的には重要な指標で、100％を超えると安全性に問題が出てきます。ただし、固定比率も同様ですが、この固定比率（固定長期適合率）はその会社の投資に対する姿勢と相俟って総合的に判断する必要があります。

ウ　資本構成の分析

支払能力を問題とする安全性分析の視点からは、支払義務がある負債が少ない方が
いいことになります。その分析のために用意できるのが自己資本比率と負債比率で
す。自己資本比率と負債比率とは表裏の関係にありますが、単純に逆数の関係にある
わけではありません。

◆自己資本比率と負債比率

ア　自己資本比率

自己資本比率＝純資産／総資本×100（％）

自己資本比率は「総資本に占める純資産の割合」です。これが高いということは、
その企業の内部留保が進んでいるということです。ただし、思い違いしやすいのは内
部留保＝キャッシュではないということです。その内部留保の中身は、貸借対照表の
資産の部（左側）に現れているので、併せてその中身を検討する必要があります。

イ　負債比率

負債比率＝負債／純資産×100（％）

負債比率は、「負債が純資産の何倍あるのか。」という指標です。

負債比率が低い方が借入元金の返済や利息負担などが少なくなるので、安全性の観
点からは良好といえます。ただし、低すぎてもリスクをとって、他人の資金で運営す
るというレバレッジ効果を望めません。安全性と株主としてのリターン効果のどちら
を優先するのかによると思います。

(3)　動態的分析（キャッシュ・フロー分析）■■■■■■■■■■■■■

キャッシュ・フロー計算書により、キャッシュの動きを分析することが可能になり
ます。その構造上の特徴は、「営業活動によるキャッシュ・フロー」、「投資活動による
キャッシュ・フロー」、「財務活動によるキャッシュ・フロー」の三つのパートに分か
れていることです。その最後の部分に「現金及び現金同等物の増減額」が表示されま
すが、これが、いわゆるキャッシュ・フローになります。

◆キャッシュ・フロー計算書について

ア　キャッシュ・フロー計算書の仕組み

仕組みを簡単に概説すると、まず、企業は資金提供者（債権者や株主）から資金を
調達します（財務活動によるキャッシュ・フロー（＋））。その資金を元に企業は投資

活動を行います（投資活動によるキャッシュ・フロー（−））。企業はその投資により
リターンを得ます（営業活動によるキャッシュ・フロー（＋））。企業はその営業活動
により得た資金を資金提供者に弁済します（財務活動におけるキャッシュ・フロー
（−））。キャッシュ・フロー計算書では、以上のような考え方を基に資金の流れを見
ます。

　キャッシュ・フロー計算書の見方で重要なのは、三つに区分されたカテゴリーごと
の符号（＋あるいは−）です。キャッシュ・フローがプラスとは、企業に資金が流入
し、マイナスとは資金が流出していくことをいいます。

　イ　フリー・キャッシュ・フローとは

　フリー・キャッシュ・フローとはキャッシュ・フロー計算書には出てきませんが、
重要な指標なので紹介します。以下の定義式で表わされます。

　フリー・キャッシュ・フロー＝営業キャッシュ・フロー＋投資キャッシュ・フロー

　つまり、フリー・キャッシュ・フローとは、事業活動において使ったお金を取り戻
した結果、手許に残った正味のキャッシュ・フローのことであり、企業が自由に使え
るお金といえます。そして、「フリー」は企業側から見た自由に使える資金であると同
時に、資金提供者すなわち株主と債権者に対する還元原資となるキャッシュ・フロー
であるという視点も重要です。そして、投資キャッシュ・アウトを営業キャッシュ・
インの範囲内に抑える、つまり投資を日々の稼ぎの範囲内に抑え、フリー・キャッシ
ュ・フローを常に意識する経営が必要になると思います。

（4）　資産等回転期間 ■■■■■■■■■■■■■■■■■■■■■■■■

　安全性分析を行う上で必要な分析項目の一つに、資産等の回転期間を把握するとい
うものがあります。一般的に言われている資産等は、売上債権、仕入債務、棚卸資産
です。

◆売上債権回転期間・仕入債務回転期間・棚卸資産回転期間

　ア　売上債権回転期間

売上債権回転期間の定義式は以下のとおりです。

　売上債権回転期間＝売上債権／（売上高／12）（月）

　この場合の売上債権とは、受取手形と売掛金の合計額をいいます。

　この定義式は、期末の受取手形と売掛金の合計額を月平均売上高（月平均発生売上
債権）で除したものです。期末債権残高を月平均売上高で割るという意味は、期末残

高が（売上げ）取引量の何か月分に相当するのかという意味になります（したがって、単位は月となります。）。残高そのもの、あるいは前期比較だけ見ても、その意味が明確にはなりませんが、滞留期間に置き換えられると、入金のタイミングにて不良債権化や粉飾の危惧等の判断に役立ちます。

　イ　仕入債務回転期間

　仕入債務回転期間の定義式は以下のとおりです。

　仕入債務回転期間＝仕入債務／（仕入高／12）（月）

　この場合の仕入債務とは支払手形と買掛金の合計額をいいます。

　この定義式は、期末の支払手形と買掛金の合計額を月平均仕入高（月平均発生仕入債務）で除したものです。期末債務残高を月平均仕入高で割るという意味は、期末残高が（仕入れ）取引量の何か月分に相当するのかという意味になります（したがって、単位は月となります。）。残高そのもの、あるいは前期比較だけ見ても、その意味が明確にはなりませんが、滞留期間に置き換えられると、猶予期間が長ければ資金的に余裕ができることになります。

　ウ　棚卸資産回転期間

　棚卸資産回転期間の定義式は次のとおりです。

　棚卸資産回転期間＝棚卸資産／（売上原価／12）（月）

　この定義式は、期末の棚卸資産が取引量の何か月分に相当するかという意味になります。分母に売上原価を使うのは、売上原価は、出荷されたものの原価なので、売上原価の月平均で期末棚卸資産を割るということは、期末に出荷量の何か月分が滞留するのかを表すことになります。例えば、棚卸資産回転期間が2か月だとすると、それは出荷量の2か月分が在庫として残っており、2か月経てば、それらは出荷して無くなることになりますので、出荷までのタイムラグを意味することになるのです。安全性の観点からは、その企業の物流能力にもよりますが、棚卸資産回転期間は短い方が望ましいといえます。

　棚卸資産回転期間が短い方が出荷までのタイムラグが短くなり、現金化されるのが早まり、長ければ在庫の滞留期間が長くなり、それだけ多くの資金を使っているということで資金繰りに注意する必要があります。この棚卸資産回転期間の分析は、特に製造業にとって重要になります。在庫は極力持たないのが良いという考え方は資金を寝かせないという意味では大切ですが、災害によるラインの停止などのリスク、生産能力などを考えて適正在庫の確保、物流能力の改善などと併せて棚卸資産回転期間を考える必要があります。

第2　経営改善計画を確認する

＜フローチャート～経営改善計画の確認＞

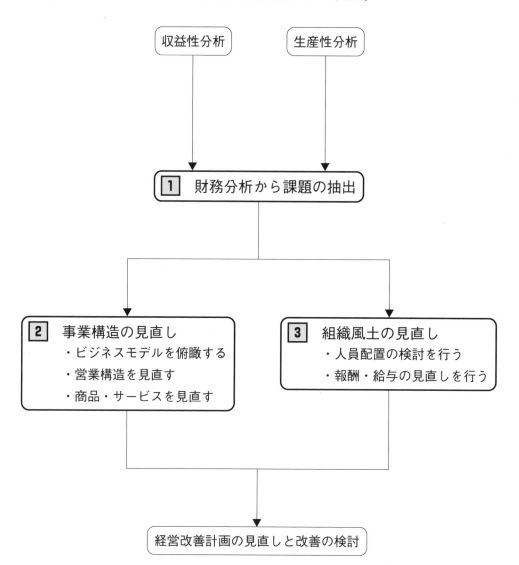

1 財務分析から課題の抽出

　経営改善計画の骨子となるのは、営業の構造（どのような商品・サービスを、どのような市場に投入するのか）の見直しと、その営業構造を支える人的組織の見直しになります。

　その見直しの際に、重要となる指標が「収益性」と「生産性」になります。詳細は本章第1 ③及び ④を参照してください。

(1)　収益性の分析 ■■■■■■■■■■■■■■■■■■■■■■■■■■■■■

　「収益性」について現状分析をするときのポイントは、その営業の構造を見ていくわけですが、営業構造は、単純な営業力と違って「販売先（購入層）と商品力の総和」で、その健全性及びその成長の方向性を決めていくと好ましいと思います。様々な財務分析以外の分析方法があるのですが、本書では、後記 ②にてSWOT分析を紹介します。

　財務分析でいうと「資本利益率」という指標を使っていきます。一般的には総資本事業利益率を使っていくのですが、売上高を介して展開すると、総資本回転率と売上高事業利益率に分解されます。

　総資本事業利益率（ROA）＝ ｛売上高／総資本（回）（総資本回転率）｝

　　　　　　　　　　　　　× ｛事業利益／売上高×100％（売上高事業利益率）｝

　総資本回転率は、会社の総資本がどのように運用されて、どれだけの売上げを生み出したのかを見る指標ですが、会社の資産が売上げにどのようなインパクトを与えているのかを考えることは、資産や資金を投入して構築している営業構造の効率性を考える手立てとしては有効になると思います。また、売上高事業利益率だけでは、評価が難しいので、その算式の背景にある費用（コスト）を考慮して判断をする必要があります。この分析から単純に「販売先（購入層）と商品力の総和」を評価すると考えるのではなく、指標から決算諸表の資産の内容を吟味し、費用のかけ方から、間接的に顧客層と商品が市場に受け入れられているのかどうかをリサーチ・観察する必要があります。さらに、損益状況の推移等を判断するときには、固定費を賄うために必要な売上げを把握する損益分岐点診断が有用です。

(2)　生産性の分析 ■■■■■■■■■■■■■■■■■■■■■■■■■■■

「生産性」について現状分析をするときのポイントは、経営資源（ヒト、モノ、カネ）の活用度合いを見ることです。とりわけ、経営改善をする際には人的組織の見直しが必要になりますので、ヒトの生産性である労働生産性を分析することになります。

労働生産性＝付加価値額／従業員数

（付加価値の考え方については、本章第 1 4 (1)「◆生産性の計算式」を参照してください。）

労働生産性は、一人当たりの生産性を計算するものですが、一人当たりの稼ぎ高に着目すると、いたずらな長時間労働につながるおそれがあります。政府が提唱する「働き方改革」の影響が中小企業まで及び始めている昨今、労働時間と生産性のバランスを考慮することが重要です。

労働生産性の算式は、売上高を介して展開すると一人当たり売上高と付加価値率に展開することができます。

労働生産性＝付加価値額／従業員数

＝（売上高／従業員数＝一人当たり売上高）×（付加価値額／売上高＝付加価値率）

この展開式から一人当たりの売上高の向上と付加価値率の向上のための施策、ひいては、「付加価値活動時間」の比率を高めることが経営改善の重要施策であることは本章第 1 4 (2)「◆労働生産性を分解して考える」で述べたとおりです。

組織風土の診断については、後記 3 にて少し古い文献ですが、『DIPS実践による人事の戦略的革新』からその手法を紹介します。

2　事業構造の見直し

収益性の分析等により、赤字に陥った事業は撤退の検討を行い、その事業の撤退により会社全体で黒字化できるかどうか（再建）を検討します。そして、将来に向けて事業回復の見込みがないと見込まれる場合には、清算・破産などの法的手続を検討します。第 4 章と第 8 章にて、その具体的な手法を法的な手続要件を踏まえて詳述します。

ここでは、財務数値では、判断できない要素を、SWOT分析にて検討できるよう分析手法の概略を示しますので参考にしてください。

(1)　SWOT分析の意義 ■

　金融機関が対象法人の事業性を評価するときの基準として、金融庁は「金融検査マニュアル」から「金融仲介機能のベンチマーク」（平成28年9月）に移行しており、従来の決算書・担保主義から「事業性を評価」することに主眼を置き始めています。この事業性評価の際には、財務数値に表されない「非財務項目」をどのように評価するかがポイントになります。非財務項目は、人の動きや思考が絡む、極めてアナログ的な項目であり、単なる項目の質問では、本質的な改善項目や方向性は明確にはなりません。ここでは、経営者の真意（本人も整理できていない可能性があります。）や表出していない、隠れた経営資源や狙うべき顧客層を浮かび上がらせる必要があります。

　戦略を立案する際に、多くの発想やツールが開発されていますが、特に事業の撤退や廃止等を念頭において自社を評価する場合に、「差別化」「独自性」「強み」を抽出できるツールとしてSWOT分析が、その理論や手法のシンプルさからお薦めできます（以下SWOT分析に関しては、嶋田利広ほか『SWOT分析を活用した＜根拠ある経営計画書＞事例集』16～19頁（マネジメント社、2020）を参照しています。）。

(2)　SWOT分析で事業再構築・撤収・清算などの判断を得る ■ ■ ■ ■ ■

　SWOT分析とは、数十年前にアメリカで理論の原型ができ、我が国でも普及してきている戦略分析の手法です。
○SWOT分析とは

1　自社の内部要因である「強み」（Strengths）＝S
2　自社の内部要因である「弱み」（Weaknesses）＝W
3　外部環境で今後の可能性やチャンスを示す「機会」（Opportunities）＝O
4　外部環境で今後のリスクや厳しい状況を示す「脅威」（Threats）＝T

↓

各要素の頭文字からSWOT分析という。

↓

これらの4要素を掛け合わせることで企業の戦略を導き出す。

　以下、経営危機におけるクロス分析の事例を示します。詳細は、SWOT分析の関連書籍を参考にしてください。実際の指導には、ヒアリングをする際に5W1Hを使って

深掘りする手法やアクションプランにつながるような具体的な指導が必要になります。

　事業の撤退縮小（致命傷回避）あるいは清算・破産などの方向性を決める前提は、まず、縮小撤退ありきではなく、「生き残るため、前向きに取り組むための現状把握」という認識が必要です。「積極戦略」をまず立案し、その上で、事業の一部撤退、切り離しなどの策に展開すべきです。

　「積極戦略」は、外部環境の機会と内部要因の強みとでクロス分析を行います。

　例えば、「機会（O）」として、「現在の商材は、手間や機能、容量などを増減し、価格設定の自由性がある。」と「強み（S）」として「顧客に安心感を与えるアフターサービス体制が強み」を掛け合わせて、「アフターサービス体制を強化することにより、価格の増額改定を行う。」、あるいは「現行の販売ルートにアフターサービスを必要とする魅力的な商品を投入する。」という「積極戦略」が考えられると思います。

　その上で、「脅威（T）」として「自社の営業地域・マーケットの人口動態やライフスタイルの変化」と「弱み（W）」として「商品に企画力・開発力が弱い」などのクロス分析から「既存商品の供給停止や事業仕分け」などの縮小・撤収策の検討が必要となりますが、その前に、商品開発・企画の外部委託などの施策も考える必要があります。

3　組織風土の見直し

　生産性の分析により、一人当たりの売上高の向上と付加価値率の向上のための施策である「付加価値活動時間」の比率を高めることが経営改善の重要施策です。働き方改革に謳われているように、いたずらに労働時間を延ばして付加価値を上げることは時代にそぐわなくなったといえると思います。とりわけ経営危機においては、最大のコストである人件費の見直しと、人員体制の見直しは避けることができません。詳細は、第5章と第6章で参照してください。

◆人員配置の見直しや役職員の給与減額の前に

　かつて中堅中小企業向けに経営コンサルタントを展開した(株)日本LCA社の社長であった小林忠嗣氏が提唱した「DIPS」（知的生産性向上システム）を活用した人事システムがあります。

　これは、小林忠嗣氏により出版された書籍にまとめられています（小林忠嗣＝柴田雅

史『DIPS実践による人事の戦略的革新』95頁（ダイヤモンド社、1994））。コロナ禍にある現在と類似している平成不況の当時に発刊されていて、経営危機にあっても経営を支えるのは人の集合体である経営組織であることは当時と変わらないと考えられます。配置転換や賃金カットの前に経営者が認識しておかなければならないことであり、相当年数が経っても陳腐化しない発想であり、現在の経済状況においても、十分参考になります。

① 　人事戦略の重要性

　これからの企業の成長は人事戦略にかかっています。従業員を本当に理解し、従業員と企業との間に、従来の延長線上ではない新しい関係を築けるかどうかが企業の将来を大きく左右します。不況を乗り切るために企業は今、生産性、特にホワイトカラーの生産性の高い組織、そして従業員が自らの創造力を最大限に発揮する活力のある組織へと変革しなければなりません（小林＝柴田・前掲「はじめに」）。

　財務分析からも理解できるように生産性を向上するためには、「付加価値活動時間」の比率を高める必要があります。従業員が最大限の創造力を発揮できるように、さらに生産性を高めるということをバランスよく考えながら人事戦略を考える必要があります。

② 　人事は従業員のために何をすればよいのか

　㋐ 　時短を人事の目的としない

　会社に時間を捧げ、プライベートな時間を犠牲にした人を評価するという制度は、早急に見直す必要があります。企業のコストダウン意識とあいまって時短は、官民一体、労使一体で取り組むべき課題です。ただし、時短において「働きすぎは良くない。ゆとりのある幸せな人生を送るために仕事を少し控えよう。」という考えは問題です。時短をしても、仕事の成果は従来どおり出さなければ、会社の成長はおろか、給料を維持することも難しくなります。人事の目的は、従業員が自ら納得して設定できる目標の管理とその結果を評価する制度の運用です。本来の評価制度は売上げや粗利など、単なる数値目標だけではなく、そのプロセスである行動を評価するものであるべきです。そして、その目標管理をするのは管理者なので管理者の育成も重要な項目になります。経営危機においては、以上の人事の考え方はおざなりになりがちなのですが、会社の再建を目指す、さらには配置転換や給与体系の見直しなどがある場合には、一人一人の従業員とそのライフプランに考慮しつつ対話を重ねる必要があります。

　㋑ 　全社の生産性を向上させるために

　経営危機に陥っている状況での、人の働き方は、「報告」・「連絡」・「相談」が欠如します。「報告」は、自分の業務の責任の免責につながりますし、「連絡」は、人の動き

の無駄の排除につながります。さらに「相談」はお互いの成長につながるといわれています。人事の重要な役目は、「報告」・「連絡」・「相談」がしやすい環境を作ることにあります。さらに、準備と整理を体系化する、集中力を上げる時間をつくる、テレワークを活用する、業務システムの改善をするなど、タイムマネジメントの考え方を理解し、定着させ、人の行動に結び付けるように工夫する必要があります。配置転換や出向・転籍がある場合には、その仕組みを用意する宣言をして社内のいたずらな混乱を抑える必要があります。

　　㋒　タイムマネジメントの意識付け

　経営危機に陥る根本的な理由の一つに、役職員一人一人の時間の価値の欠落があります。「タイムマネジメント能力」とは、「時間の管理をする能力」です。時間の管理を全くしていない人は誰もいないと思います。誰でも、目覚まし時計で目を覚まし、遅れないように電車に乗り、就業時間とともにタイムカードを押します。さらに、手帳を見て、その日のアポ管理を行うでしょう。ところが、ここからさらに踏み込んで、以下のような対応が必要でしょう。

・スケジュールを立てる時にはタスクをブレークダウンして、そのゴールを明確にする。スケジュールどおりに達成できないと分かったときには、即座にリスケジュールする。

・時間の先延ばしをしない。先延ばしをすれば、概ね時間を失い、仕事の成果が落ち、会社での評価が下がることを覚悟しなければならない。

③　生産性分析から分かることの限界

　生産性分析からは、一人当たりの「付加価値活動時間」の比率を上げることが重要だということが分かりました。ただし、これら述べてきた施策の検討は、経営危機における給与のカットや退職勧告、整理解雇に至っては、手遅れの感があります。とはいえ、企業の再建や個人における再出発においては、この付加価値を伴う活動時間を見直すという行為は、その経営ひいては個人の生活面に至るまで、考慮すべき考え方の一つです。

第3　資金繰り改善計画を確認する

＜フローチャート～資金繰り改善計画の確認＞

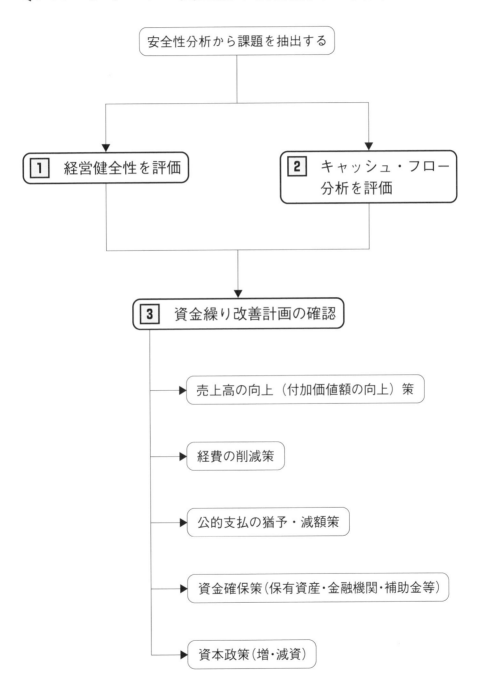

　顧問先の経営危機に当たり、会社の事業縮小や休廃業などを検討する場合には、まず、決算諸表から課題を抽出して、その方向性を決めて、行動を促す必要があります。その課題の中で最も緊急性・重要性が高いのが資金に関するものです。資金が枯渇するということは、いわゆる破綻に直結することを意味するからです。ここで、財務分析の中から**本章第1 5** の安全性の指標に着目し、経営の健全性、キャッシュ・フローの状況から確認するようにしましょう。

1　経営健全性を評価

　経営の健全性を見る場合は、まずキャッシュの支払能力に着目します。そして、貸借対照表から安全性を俯瞰するために静態的分析を行います。さらに、債権・債務さらには在庫の回転率を把握し、資金が滞留しないようにコントロールをすべく努力をする必要があります。

　静態的分析は、貸借対照表のみを使って行います。したがって、その金額ボリュームや分析時のタイミングにより、指標としての信憑性を慎重に判断する必要があります。

(1)　流動比率 ■■■■■■■■■■■■■■■■■■■■■■■■■■■■■■■

　流動比率＝流動資産／流動負債×100（％）

　今後1年以内に見込まれるキャッシュの流出額を超える資産（キャッシュ）の流入があるかどうかを見る指標ですが、個々の流動資産の中身を分析し、キャッシュ化の程度や期間を考慮に入れた細かい分析を行う必要があります。

　また、キャッシュは在庫や固定資産等に振り替わっていかないと富を生まないのでキャッシュの滞留は必ずしも好ましくないことを意識しておく必要があります。

(2)　固定比率 ■■■■■■■■■■■■■■■■■■■■■■■■■■■■■■■

　固定比率＝固定資産／純資産×100（％）

　（参考）固定長期適合率＝（固定資産／純資産＋固定負債）×100（％）

　固定資産は資金を長期に固定し、金額も大きくなるところから、純資産あるいは純資産＋固定負債の範囲で取得するのが好ましいことになります。ただし、コロナ禍な

どの緊急事態にあって、売上げなどの資金の流入が、固定費等の支出を賄い切れない状況が続くと、純資産の棄損や短期負債の増加などにより、固定比率（固定長期適合率）が、安全性の目安とされる100％を大きく超えることも考えられます。その際には、その保有資産の活用の再構築、あるいは売却・処分等も検討する必要があります。

(3)　自己資本比率・負債比率 ■■■■■■■■■■■■■■■■■■■■■

自己資本比率＝純資産／総資本×100（％）

負債比率＝負債／純資産×100（％）

自己資本比率が高いということは、内部留保が進んでいるということですが、その蓄積が流動性から見て適正かどうかを判断する必要があります。また、負債比率が高いといっても、それが積極的な投資の結果なのかを見極める必要があります。さらに、その投資に対する適正な評価をして、継続・変更・撤退等の判断をする指標として有用です。

(4)　売上債権回収期間・仕入債務回転期間・棚卸資産回転期間 ■■■■

資産等回転期間は、それぞれの資産等の期末残高（あるいは分析時期の月末）が売上げ等の取引量の何か月分に相当するかを見る指標です。一般的に採用される資産は売上債権、仕入債務、棚卸資産です。

売上債権回転期間・仕入債務回転期間・棚卸資産回転期間の定義式は、それぞれ以下のとおりとなっています。

・売上債権回転期間＝売上債権／（売上高／12）（月）

・仕入債務回転期間＝仕入債務／（仕入高／12）（月）

・棚卸資産回転期間＝棚卸期間／（売上原価／12）（月）

これらを分析することにより、正常時（毎期、評価していくのが好ましい）の回転期間と現状の回転期間を比較検証し、問題点を把握することにより、改善施策を検討します。

2　キャッシュ・フロー分析を評価

キャッシュ・フロー計算書は一定期間の「キャッシュ（現預金）等」の財産の増減

プロセスを見るものです。その作成方法は、間接法・直接法がありますが、考え方は
いずれも同じでキャッシュ等の流れを「①営業活動によるもの」、「②投資活動による
もの」、「③財務活動によるもの」の三つに分け、①営業活動による資金の動きは、売
上げによるキャッシュインから原価、諸経費などの支払によるキャッシュアウトを差
し引いて、本業での資金確保を表示し、②投資活動による資金の動きは有形固定資産
や有価証券などの購入や売却に関する資金の流れを示し、会社がどれだけ成長を図る
ための投資をしているのかを表示し、③財務活動による資金の動きは、銀行等からの
融資・返済、配当金の支払などの資金の動きを示し、営業活動や財務活動に必要な資
金をカバーする動きを示します。

　とりわけ、コロナ禍にあって、営業活動に支障が生じている現状においては、給付
金や助成金などの活用を検討、さらに遊休資産の活用や処分などにより資金を確保し、
金融機関とより連携を深めて、新規融資や、希望額に満たない場合には、返済猶予や
借換え等を検討する必要があります。さらに、資金繰りの確保の観点から納税、社会
保険料の支払猶予を考慮する必要も出てこようかと思います。

3　資金繰り改善計画の確認

(1)　売上高の向上（付加価値額の向上）策 ■■■■■■■■■■■■■■■

　資金の流入を考える場合のベースとなるのは、商品やサービスの提供により生ずる
売上高の向上にあります。業種業態により、あるいは企業規模により、マーケティン
グの手法は千差万別で、また時代により変化していくものです。ここでは、資金繰り
について考察するところですから、売上高の向上策としての基本的な考え方、とりわ
け、税理士事務所などの顧問先である中小企業を想定して述べることにします。

　まず、自社の商品・サービスを購買する層をきちんと把握する必要があります。そ
れには、市場調査・アンケート調査・類似商品／サービスの普及状況などを把握した
上で、商品―顧客マトリクス（イゴール・アンゾフが提唱した「アンゾフの成長マト
リクス」のこと）を使って現状と、今後の方向性を分析することが有用です。

　具体的には、市場と商品の2軸を設定し、それぞれ既存と新規に分けることで四つの
事象に分類し、戦略の方向性を明らかにするものです。

		商品：既　存	商品：新　規
市　場	既　存	市場浸透	新商品開発
市　場	新　規	新市場開拓	多角化

マトリクス上の四つの事象ではそれぞれ次のような戦略をとることが可能です。

ア　市場浸透策

他社との競争に勝つことによって、マーケットシェアを高める戦略です。一般顧客を愛顧客（ロイヤルユース）層に高めることを目指します。顧客の組織化などが有効策です。

イ　新商品開発策

新しい商品を、現在の顧客へ投入することで売上げのボリュームを上げる戦略です。既存の顧客層に、新しい商品やサービスを提供します。新商品の開発が重要施策となります。

ウ　新市場開拓戦略

現状の商品を、新しい顧客へと広げることで成長を図る戦略です。その際、重要なのは顧客層の分類・検討（セグメント）です。既存商品で新しいマーケットを開拓する戦略です。その際、商標取得やブランド化も視野に入れます。また、顧客層を持っている組織と提携する（営業構造の確立）という発想も必要です。

エ　多角化戦略

製品・市場ともに、現在の事業とは関連しない、新しい分野への進出が前提となります。経営的に危機的な状況にある時には、棚上げすべき戦略です。

以上の分析から、経営の抜本的な見直しが必要な時には次の二つの視点が重要になるのが分かります。

①　既存の市場に、自社の商品・サービスがしっかり浸透しているのか

②　既存の顧客に、新たな商品やサービスを提供する余地はないのか

(2)　経費の削減策

会計記録（総勘定元帳など）から、支払経費の見直しを行います。その際重要なのは一律に経費を削減すればよいわけではないということです。前記(1)で検討したよ

うに、顧客層の深掘りと商品戦略を遂行する際に必要な経費は、慎重かつ思い切った支出の見直しを考える必要もあります。広告宣伝費、交際費、支払手数料、教育研修費など、科目に分類された支出の内容を吟味して、予算組を図ることが重要です。費目の中で目立つのは、人件費関係と家賃ですが、この支出は、経営戦略の根幹をなすものですから、削減するにしても慎重な検討が必要です。詳細は**第5章及び第7章**を参照してください。経費を見直す際には経営改善計画のアクション・プランに則った経費削減であることが必要です。

(3)　公的支払の猶予・減額策 ■■■■■■■■■■■■■■■■■■■■■■■■

　ここでいう公的支払とは、①消費税・源泉所得税・法人税等の公租公課と②健康保険・厚生年金保険等をいいます。消費税と源泉所得税（住民税の特別徴収も含みます。以下「源泉所得税等」といいます。）は、顧客あるいは従業員等からの預り金的な性格を有しますが、納税義務者は、その税の負担者から預かった法人ないしは個人になります。これに対し、法人税等は、その会社の所得に対し課税されるものです。したがって、欠損年度あるいは、繰越欠損金がある年度に関しては、課税所得が繰越欠損金の範囲内であれば、課税されないことになります。経営危機に対応する状況を勘案すると、源泉所得税等が支出されて、資金を圧迫して支払が困難になる可能性があります。特にコロナ禍においては、収入減による資金繰りの逼迫が続いていますので、何ら躊躇することなく、税の猶予制度が適用可能であれば活用すべきだと思います。

　健康保険・厚生年金保険等についても、その本人の掛金を、個人負担と会社負担で折半します。この場合、払込みは併せてなので、個人からの預り金も含めて、支払猶予の手続を検討します。詳細は**第3章第4**を参照してください。

(4)　資金確保策（保有資産・金融機関・補助金等）■■■■■■■■■■

　収入が減少しているということは、日々の固定費の支払が逼迫している可能性があります（運転資金の枯渇）。その際は、流動的な資金を確保するいくつかの施策を検討する必要があります。保有資産を活用した資金確保策、金融機関からの資金調達、補助金・助成金・給付金の利用など、各種資金確保策について**第3章**で解説していますので参照してください。

(5)　資本政策（増・減資）■■■■■■■■■■■■■■■■■■■■■■■■

　払込増資による資本増強策は、資金繰の改善には有効です。

　また、最近資本金1億円超の法人が減資により、税制上の中小企業となり、税制上の各種優遇制度（所得800万円以下の軽減税率、外形標準課税の非適用、繰越欠損金の繰戻還付の適用可、各種特別控除・繰越欠損金の適用可、年800万円以下の交際費枠）を受けようとする動きが散見されます。状況により検討の余地があると思われます。

第４　経営改善方針と事業継続の可否を検討する

＜フローチャート～経営改善方針と事業継続の可否の検討＞

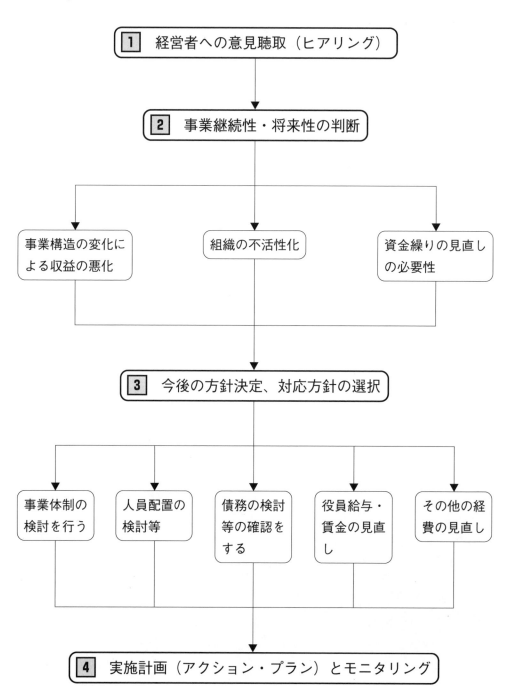

1 経営者への意見聴取（ヒアリング）

　経営者への意見聴取（ヒアリング）は、計画の策定あるいは今後の方向性を決める上でとても大切な項目であることは第1章で述べたとおりです。最初に行うこの項目は、その経営改善計画の方向性や実効性を左右します。ただし、第1章でも述べたように、経営危機下にあり、資金繰りに追われる状況の中で、経営者は、冷静な状況判断ができない可能性があります。そのような状況において、支援専門家のヒアリング能力はとても大切なものになります。

　経営改善計画策定において、支援専門家が、経営者から意見聴取を行い、問題点の把握、課題の抽出、計画の基本方針の策定、期間の設定や改善目標設定などを行い、その内容を経営者が検証するという形で実施します。支援専門家は、経営者に対して、計画策定や方向性をある程度想定した意見聴取をして、内容を深掘りすることが重要です。

2 事業継続性・将来性の判断

(1) 事業構造の変化による収益の悪化 ■■■■■■■■■■■■■■■■■

　本章第2 2 において示した「SWOT分析」、あるいは支援専門家の知見により、事業継続性等を判断します。業種・業態により、事業の構造は様々ですが、特に「SWOT分析」の機会及び強みをクロス分析して「積極戦略」を念頭に置きつつ、「脅威」と「弱み」のクロス分析により、収益の悪化の原因分析を行う必要があります。

(2) 組織の不活性化 ■■■■■■■■■■■■■■■■■■■■■■■■■■

　本章第2 3 において示した、生産性の分析により「付加価値活動時間」が十分に確保できているかを検討する必要があります。その基準が確保できないとすると、一人当たりの売上げが確保できていないのか、さらには付加価値率が低いのかを分析して、その組織の活性度を見極める必要があります。その上で、会社の人事機能をもう一度見直すことが必要です。

(3)　資金繰りの見直しの必要性 ■■■■■■■■■■■■■■■■■■■■■

　企業の存続・縮小・撤退・清算を考える場合には、顧客と商品・サービスを主要な要素とする事業体制をどのようにするのか、そしてそれを具体的に動かす人的組織を見直す必要があるのは、述べてきたとおりですが、経営危機下においては、積極策にせよ、消極策にせよ、資金確保策等は緊急性・重要性が高い施策になります。資金繰りの見直しは急務と考えていいでしょう。本章第3 3 で、判断基準を(1)から(5)まで述べているので参考にしてください。

3　今後の方針決定、対応方針の選択

(1)　事業体制の検討を行う ■■■■■■■■■■■■■■■■■■■■■■

　上記 2 (1)の判断を受けて、事業体制の見直しに着手する方針を固めます。事業体制の見直し、その検討は主として第4章で、再建・清算の手法については第8章（個人事業については、第9章）で紹介しています。

(2)　人員配置の検討等 ■■■■■■■■■■■■■■■■■■■■■■■

　事業体制の見直しや再建・清算については、組織の再検討はパラレルの項目となります。それは、会社内での移動、関連会社間での出向や転籍などの人員配置の見直しにつながるからです。人員配置の検討については、第6章で詳細に紹介しています。

(3)　債務の検討等の確認をする ■■■■■■■■■■■■■■■■■■■

　現行の債務（リース契約等を含みます。）を一覧表にまとめ、債務金額・担保状況・債務償還年数・金利などを整理します。その上で、租税などの公的支払の猶予・減額策、保有資産の見直しや既存債務の返済条件の見直し、金融機関からの新たな資金調達などの資金確保策を検討・実行する必要があります。第3章にて詳述しています。

(4)　役員給与・賃金の見直し ■■■■■■■■■■■■■■■■■■■■

　経営危機における組織の検討を行う場合には、役員給与や賃金の減額という形で検討を行う必要が出てきます。役員については、経営に対する経営責任という問題があ

りますが、しっかり諸々の決議等の議事を残す必要があり、社員の立場や賃金などは労働基準法等により擁護されてはいますが、状況を十分に理解してもらい、対話をしっかり重ねることが重要になります。役員給与や賃金の検討については、**第5章**で詳細に紹介しています。

(5)　その他の経費の見直し ■■■■■■■■■■■■■■■■■■■■■■■■

本章第3 3 (2)において示した、その他の経費の見直しを図る必要があります。慎重かつ思い切った支出の見直しが必要で、とりわけ営業戦略や組織の見直しにおいて単なる削減だけではなく、費目によっては、必要に応じて増額も検討すべきだと考えます。**第7章**にて詳述します。

4　実施計画（アクション・プラン）とモニタリング

上記 1 から 3 までの現状確認・方針決定により、実施計画（アクション・プラン）を作成します。その作成の際には、**第3章**から**第8章**までに詳細に記述してありますので、各項目を参照しつつ作成してください。この実施計画策定のポイントは、単なる数値計画ではなく、会社構成員等の行動（アクション）を盛り込むことと、その後の計画の実施状況の経過観察（モニタリング）にあります。

実施計画は、作成しただけでは意味がありません。特に会社の経営危機という非常事態においては、冷静な現状分析と将来予測とのギャップを埋める計画を早期に作成する必要があります。その際、客観的な判断ができる、税理士、弁護士あるいは経営革新等支援機関など外部専門家の支援が必要不可欠なものになります。

以下、中小企業庁ウェブサイトの経営改善計画策定支援事業（通称405事業）の「申請書類等」の「経営改善計画」の「経営改善計画（事例サンプルＡ【原則版】）」から抜粋してフォーマットを示します。

経営改善計画書のサンプル【原則版】

事例サンプルA

経営改善計画書

「中小企業の新な事業活動の促進に関する法律」に基づく経営革新等支援機関
による経営改善計画策定支援

平成〇年〇月〇日

甲株式会社
代表取締役社長●●

【留意事項】
本経営改善計画書の雛形はあくまでもサンプルであり、地域における金融
環境、企業の状況に応じて適宜変更されることを想定しています。

※本資料は、認定支援機関向け経営改善・事業再生研修【実践力向上編】(株
式会社きんざい)の事例をベースに作成をしています。

経営改善計画書のサンプル【原則版】

認定支援機関作成支援⇒社長検証

はじめに

　当社は、昭和52年1月に××県△△市に創業以来、36年間にわたって、独立系の自動車部品の3次請負メーカーとして、自動車用ホイールの切削加工業を営んで参りました。自動車の国内生産台数の増加にあわせ当社の売上高も順調に増加しておりましたところ、

実情に応じて適宜記載

産を眺めの新工場の取得を行いましたところ、

度の大幅な受注減に見舞われ、平成24年5月度には3年振りの営業赤字に陥るとともに、結果として新工場は過剰設備となり、資金繰りにも苦慮する事態となりました。
　こうした事情により、取引金融機関様のご理解とご協力を仰ぐべく、本事業再生計画書(以下「本書」という)を策定いたしました。

　本書に記載しましたとおり、今後は当社の課題である「営業体制の強化」「さらなる経費削減」「旧工場の処分」に取り組み、事業面及び財務面での再構築を行い、再建を図っていく所存です。

　取引金融機関様におかれましては、何卒ご理解とご支援を賜りますようお願い申し上げます。

平成25年●月●日

甲株式会社

代表取締役社長　●●

経営改善計画書のサンプル【原則版】　≪ 債務者概況表 ≫　認定支援機関作成支援⇒社長検証

金融機関名	22年9月期（実績）	シェア	23年9月期（実績）	シェア	24年9月期（実績）	シェア
A銀行	195	81.1%	192	80.9%	274	76.0%
B銀行	45	18.9%	45	19.1%	39	10.8%
C信金	0	0.0%	0	0.0%	48	13.2%
合計	240	100.0%	236	100.0%	361	100.0%

事業者概要／財務内容及び問題点／業績推移等（詳細テーブル）

事業者 甲株式会社
連絡先 ●●●・●●●・●●●●
住所 ××県△△市●●
業種 製造業
事業内容 自動車部品
設立年月日 昭和57年1月25日
資本金 10百万円　従業員数 25名
年齢 322百万円／60歳
金融機関 (1)A銀行 (2)B銀行 (3)C信金

| 資本金 | 10百万円 | 従業員数 25名 |

株主構成：●● 2,500（社長）、●● 1,200（長女）、●● 300（長男）　計 5,000

平成24年9月期（単位：百万円）

資産の部	決算	修正	実質	負債の部	決算	修正	実質
現預金	39		39	支払債務	5		5
売上債権	19	▲1	18	短期借入金	21		21
棚卸資産	1		1	その他	28		28
その他	10		10	流動負債計	53		53
流動資産計	69	▲1	68	長期借入金	340		340
土地	118	▲7	111	その他	3		3
建物（附属含む）	118	▲7	111				
その他	48		48				
有形固定資産	284	▲14	270	固定負債計	344	0	344
無形固定資産	0		0	負債合計	397	0	397
会員権	0		0	資本の部	決算	修正	実質
投資有価証券	71	▲2	70	資本金	10		10
投資等	72	▲2	70	その他	18	▲16	2
固定資産計	356	▲16	341	自己資本	28	▲16	12
資産合計	425	▲16	409	負債・資本合計	425	▲16	409

【業績推移等】（単位：千円）

	22年9月期（実績）	23年9月期（実績）	24年9月期（実績）	25年9月期（見込）
売上高	222	350	322	138
営業利益	21	39	▲27	▲35
経常利益	35	45	▲23	▲26
当期利益	35	33	▲23	▲26
減価償却	14	28	37	28
決算上自己資本	19	52	28	2
修正			▲16	▲14
実質自己資本			12	▲14
中小企業特性			5	5
金融機関からの借入金	240	236	361	340

収益弁済原資 14百万円　債務償還年数 26年

【分析結果】
平成24年3月の尖閣諸島問題に端を発する中国での日本車不買運動による受注減少で赤字経営となり、平成25年9月期には実質債務超過となる見込み。

主要項目コメント及び問題点
【資産査定】
滞留売掛金▲1、旧工場の含み損▲、保険積立金の含み益▲2
【財務上の問題点】
平成23年9月に約弁正常化も足元の資金繰りが厳しい。

現状と認識課題
・平成24年3月の尖閣諸島問題に端を発する中国での日本車不買運動により、受注が大幅に減少。
・営業体制強化による売上拡大が課題。
・平成24年9月期に17名の人員削減を実施済みであるが、更なる経費削減が課題。
・旧工場について可能な限り早期に処分し担保権者に弁済することが課題。

経営改善計画策定方針
・営業体制強化による売上高の拡大
・経費削減（役員報酬、人件費、消耗品費等）
・旧工場の処分

経営改善計画書のサンプル【原則版】　≪ 概 要 ≫　認定支援機関作成支援⇒社長検証

① 課題・問題点

（財務状況（資産実態・損益動向）、窮境要因等）

Ⅰ　中国での自動車不買運動
平成20年9月のリーマンショックを契機とする世界経済減退に伴い、当社は大幅な受注減に見舞われましたが、自動車の国内生産台数の継続的増加も背景とし、その後約3年間で売上水準が元通りに回復するとともに、更なる売上増加が見込まれていました。ところが、平成24年3月の尖閣諸島問題に端を発する中国での日本車不買運動により得意先からの受注が大幅に減少し、平成24年5月度には営業赤字に陥り、平成24年9月期は当期純損失▲23百万円を計上しました。

Ⅱ　新工場の過剰投資
自動車の国内生産台数の継続的増加により今後の売上増加が見込まれていたことから、平成23年12月には新工場を取得しました。投資額は1億7千万円で、新規投資と自己資金により賄いました。旧工場は増改築の繰り返しだったため生産効率が悪かったこともあり、新工場は旧工場の倍以上の生産を可能とするものでしたが、上述のとおり、中国での日本車不買運動によって受注が大幅に減少してしまい、従来90%以上であった機械稼働率が40%以下に低下してしまい、新工場は結果として過剰投資となってしまいました。

Ⅲ　脆弱な営業体制
当社の営業は、これまで社長の信用力に依存しながら、基本的に得意先（自動車部品2次メーカー）の応援外注先として得意先の生産能力を超過した部分を受注しておりました。近年は業界全体が右肩上がりの中、営業活動に注力せずとも受注が増加していたことから、新規顧客の開拓や既存顧客に対するフォローアップというものについてはまったくと言っていいほど実施してきませんでした。

Ⅳ　経費予算管理未実施
当社は経費予算を設定しておらず、売上増加傾向の中、漫然と経費を支出してきた経緯があり、経費支出を必要最低限に抑制する仕組みがありません。また、上述のとおり、当社は大幅な受注減に直面しており、損益構造の転換を余儀なくされていますが、経費削減について、どのような項目でどれだけ削減余地があるかといった定量的な情報を直ちに把握することができません。

② 計画の基本方針

営業体制を強化して、新規顧客の獲得及び既存顧客からの受注増加を目指し、売上高の維持・拡大を図ります。

役員報酬及び工場人員の削減は平成24年9月に実施済みですが、その他の諸経費についても削減余地を洗い出し、さらなるコスト削減を図ります。

取引金融機関様に対する借入金の弁済については、以下のとおりお願いいたします。
・計画期間中に獲得したFCFの8割相当額を、取引金融機関様の平成25年3月末残高に応じて弁済します。
・旧工場の土地建物については、可能な限り早期に売却し、担保権者である取引金融機関様に弁済します。

③ 改善計画期間・目標等

計画期間は5年とします（平成26年9月期～平成30年9月期）。

平成28年9月期（計画3年目）に経常黒字化を果たします。

中小企業特性考慮後実質債務超過については、平成30年9月期（計画5年目）に解消します。

計画終了時（平成30年9月末）におけるキャッシュフロー比率を9.1倍とします。

中小企業基盤整備機構　認定支援機関向け研修資料より

2

経営改善計画書のサンプル【原則版】　　認定支援機関作成支援⇒社長検証

≪ 資金実績表 ≫

(単位：千円)

1. 平成24年9月期 （前期実績）

平成24年9月期	前年繰越	10月	11月	12月	1月	2月	3月	4月	5月	6月	7月	8月	9月	計
売上高		30,624	33,857	37,774	38,480	27,784	34,538	29,421	27,446	21,744	17,260	12,250	11,066	322,243
借入		–	–	–	46,425	115,385	–	–	–	38,462	–	–	20,765	221,037
返済		20,430	4,658	4,732	3,946	18,402	4,732	3,952	3,450	5,512	19,108	4,740	4,601	98,261
借入金残高	238,361	217,931	213,273	208,541	251,020	348,003	343,272	339,320	335,870	368,820	349,713	344,973	361,137	361,137
現預金残高	81,514	62,382	54,869	47,267	90,560	68,828	68,170	75,243	67,272	100,515	75,853	33,646	39,261	39,261

2. 平成25年9月期 （今期実績・見通し）

平成25年9月期	前年繰越	実績 10月	実績 11月	実績 12月	実績 1月	見通し 2月	見通し 3月	見通し 4月	見通し 5月	見通し 6月	見通し 7月	計
売上高		8,147	8,888	11,613	13,746	10,449	8,996	11,679	12,263	12,876	13,520	112,178
借入		38,295	–	–	–	–	–	–	–	–	–	38,295
返済		38,781	7,528	597	–	–	–	–	–	–	–	46,905
借入金残高	361,137	360,651	353,124	352,527	352,527	352,527	352,527	352,527	352,527	352,527	352,527	352,527
現預金残高	39,261	23,129	21,834	23,770	16,399	21,493	26,920	31,675	32,241	33,699	35,462	35,462

(注)平成24年12月中に返済猶予の要請を行い、元金の支払いを停止している。

3. 平成25年9月期 （仮に返済猶予が行われなかった場合）

平成25年9月期	前年繰越	実績 10月	実績 11月	実績 12月	仮 1月	仮 2月	仮 3月	仮 4月	仮 5月	仮 6月	仮 7月	計
売上高		8,147	8,888	11,613	13,746	10,449	8,996	11,679	12,263	12,876	13,520	112,178
借入		38,295	–	–	–	–	–	–	–	–	–	38,295
返済		38,781	7,528	7,520	6,154	6,538	7,692	5,385	6,308	6,538	6,077	98,521
借入金残高	361,137	360,651	353,124	345,604	339,450	332,911	325,219	319,834	313,527	306,988	300,911	300,911
現預金残高	39,261	23,129	21,834	16,847	3,322	1,877	▲ 387	▲ 1,017	▲ 6,759	▲ 11,840	▲ 16,154	▲ 16,154

経営改善計画書のサンプル【原則版】　　認定支援機関作成支援⇒社長検証

≪ 計数計画・具体的な施策 ≫

数値計画の概要　(単位：千円)

	実績-2 平成23年9月期	実績-1 平成24年9月期	計画0年目 平成25年9月期	計画1年目 平成26年9月期	計画2年目 平成27年9月期	計画3年目 平成28年9月期	計画4年目 平成29年9月期	計画5年目 平成30年9月期
売上高	350,300	322,243	138,077	144,981	152,230	159,841	159,841	159,841
営業利益	38,562	▲ 27,165	▲ 34,526	▲ 7,901	1,621	6,173	11,532	12,499
経常利益	44,966	▲ 23,032	▲ 25,761	▲ 10,980	▲ 1,243	4,462	9,171	10,428
当期利益	32,762	▲ 23,251	▲ 25,815	▲ 24,880	▲ 1,297	4,408	9,117	10,374
減価償却費	27,832	36,525	28,434	18,454	15,950	13,609	13,320	10,000
簡易CF(経常利益＋減価償却費-法人税等) A	61,304	13,374	2,619	7,420	14,653	18,017	21,437	21,375
現預金残高	81,514	39,261	53,986	46,197	51,170	57,358	64,969	69,201
金融機関債務残高	238,361	361,137	352,527	333,858	323,309	310,891	296,006	278,010
資本性借入金								
運転資金相当額	48,329	13,911	5,533	6,096	6,439	6,800	6,803	6,803
差引要償還債務残高 B	108,518	307,965	293,008	281,566	265,700	246,734	224,235	202,006
CF倍率 A÷B	1.8	23.0	111.9	37.9	18.1	13.7	10.5	9.5
簿価純資産額	51,563	28,312	2,497	▲ 22,383	▲ 23,680	▲ 19,272	▲ 10,154	219
実質純資産額		12,158	▲ 13,685	▲ 24,691	▲ 25,987	▲ 21,579	▲ 12,462	▲ 2,088
中小企業特性反映後実質純資産額		17,158	▲ 8,657	▲ 19,691	▲ 20,987	▲ 16,579	▲ 7,462	2,912

(注)計画3年目に経常黒字化している。計画5年目に中小企業特性反映後実質債務超過を解消し、その時点のCF倍率は9.5倍と10倍以下となっている。

社長作成

	項目	課題	実施時期	具体的な内容
1	営業体制の強化	顧客別予実管理	平成25年4月～	既存顧客へのフォローアップ回数増による追加受注や、自動車以外の工作機械メーカー等への新規営業による切削業務の受注獲得を目指します。「営業行動管理シート」を作成し、営業担当者毎・顧客毎に、顧客情報、営業方針・営業戦略、月次売上目標を記載してもらい、顧客別の予実管理を行うとともに、フィードバックできる体制を構築します。
		営業会議の開催	平成25年4月～	これまでは営業担当者間の情報共有があまり行われていなかったため、毎週水曜日の午前中に営業会議を開催します。各営業担当者から「営業行動管理シート」に記載した営業戦略や売上目標、達成度合や改善施策等について発表してもらいます。参加者全員でその内容について協議するとともに、成功例や失敗例を共有して営業力の向上を図ります。
			省略する	
2	経費削減	役員報酬の削減（実施済み）	平成24年9月	この度の業績悪化に関する経営責任として、取締役3名の役員報酬を各人の生活に必要最低限の金額まで削減します（平成24年9月に実施済み）。
			省略する	
2	旧工場の処分	売却代金の弁済	平成26年9月期中	売却代金については担保権者であるA銀行に対して返済を行い、支払利息の圧縮を図ります。

経営改善計画に関する表明事項

対象会社	弊社はこのたび、財務体質の抜本的な改善と事業面の立て直しを図るべく事業計画を策定いたしました。弊社では、本計画に基づき、金融機関様のご支援のもと、社長・従業員が一丸となって事業再生を進める所存でございます。このような事態を招き、金融機関様には多大なご迷惑をおかけしますが、本計画について御理解を賜りたくお願い申し上げます。
主要債権者	甲株式会社より事業計画への取り組み表明を受けたため、経営改善施策への誠意ある取り組みを前提条件として、本計画書に記載された金融支援を行います。

経営改善計画書のサンプル【原則版】　　社長作成

≪ 実施計画 ≫

経営改善計画に関する具体的施策の効果

（単位：千円）

	経営改善計画の具体的な内容	実施時期	実施責任者	科目	直近期 平成24年9月期	計画0年目 平成25年9月期	計画1年目 平成26年9月期	計画2年目 平成27年9月期	計画3年目 平成28年9月期	計画4年目 平成29年9月期	計画5年目 平成30年9月期
1	営業体制強化	平成25年4月～	社長、営業部長	売上高	322,243	138,077	144,981	152,230	159,841	159,841	159,841
2	経費削減										
	役員報酬削減（実施済み）	平成24年9月	社長	役員報酬	29,615	9,338	10,062	10,062	10,062	10,062	10,062
	人員削減（実施済み）	平成24年9月	社長	賃金給与	116,283	55,633	56,144	56,694	57,250	57,809	58,375
	福利厚生費削減	平成25年4月～	管理部長	福利厚生費	3,166	109	109	68	68	68	68
	工場消耗品費削減	平成25年4月～	工場長	工場消耗品費	21,181	5,718	5,385	5,385	5,385	5,385	5,385
	接待交際費削減	平成25年4月～	社長	接待交際費	617	865	462	462	462	462	462
	地代家賃削減	平成25年10月～	社長	地代家賃	3,462	3,462	1,731	1,731	1,731	1,731	1,731
	保険料削減	平成25年4月～	管理部長	保険料	20,281	3,431	615	615	615	615	615
				計	194,605	78,555	74,507	75,016	75,572	76,132	76,698
3	旧工場の処分	平成24年4月～	管理部長	支払利息	7,255	7,178	6,864	6,572	6,342	6,069	5,740

モニタリング計画

	頻度	内容
1	月次	・取引金融機関様に残高試算表を送付します（当月分を翌々月初に送付します）。
2	3ヶ月に1度	・メイン行様に計画と実績の比較分析、アクションプランの進捗状況を報告します。
3	決算期	・取引金融機関様に計画と実績の比較分析、アクションプランの進捗状況を報告します。 ・取引金融機関様に決算書を送付します。

経営改善計画書のサンプル【原則版】　　≪ 計数計画 ≫　　認定支援機関作成支援

損益計算書と課税所得

（単位：千円）

	実績-2 平成23年9月期	実績-1 平成24年9月期	計画0年目 平成25年9月期	計画1年目 平成26年9月期	計画2年目 平成27年9月期	計画3年目 平成28年9月期	計画4年目 平成29年9月期	計画5年目 平成30年9月期
売上高	350,300	322,243	138,077	144,981	152,230	159,841	159,841	159,841
期首製品棚卸高	1,622	862	315	125	149	149	156	156
			省略する					
特別損失	3,517	100	–	13,846	–	–	–	–
税引前当期純利益	44,257	▲ 23,132	▲ 25,761	▲ 24,826	▲ 1,243	4,462	9,171	10,428
法人税等	11,494	119	54	54	54	54	54	54
当期純利益	32,762	▲ 23,251	▲ 25,815	▲ 24,880	▲ 1,297	4,408	9,117	10,374
H24/9発生		▲ 23,132				4,462	9,171	9,499
H25/9発生			▲ 25,761					929
			省略する					
H30/9発生								–
欠損金の発生（▲）または使用		▲ 23,132	▲ 25,761	▲ 24,826	▲ 1,243	4,462	9,171	10,428
繰越欠損金残高		▲ 23,132	▲ 48,893	▲ 73,719	▲ 74,961	▲ 70,499	▲ 61,328	▲ 50,900
課税所得								

（注）計画3年目に経常黒字化している。

製造原価報告書

（単位：千円）

	実績-2 平成23年9月期	実績-1 平成24年9月期	計画0年目 平成25年9月期	計画1年目 平成26年9月期	計画2年目 平成27年9月期	計画3年目 平成28年9月期	計画4年目 平成29年9月期	計画5年目 平成30年9月期
期首材料棚卸高	207	847	214	92	96	101	106	106
			省略する					
労務費	448			37	37	37	37	37
経費	101,566	119,794	67,412	50,808	47,842	50,156	44,174	42,843
当期総製造費用	245,394	275,342	139,532	121,970	119,697	122,757	117,390	116,681
期首仕掛品棚卸高	1,064	423	13	6	6	6	6	6
期末仕掛品棚卸高	423	13	6	6	6	6	6	6
当期製品製造原価	246,035	275,751	139,539	121,970	119,697	122,757	117,390	116,681

販管費の内訳

（単位：千円）

	実績-2 平成23年9月期	実績-1 平成24年9月期	計画0年目 平成25年9月期	計画1年目 平成26年9月期	計画2年目 平成27年9月期	計画3年目 平成28年9月期	計画4年目 平成29年9月期	計画5年目 平成30年9月期
役員報酬	26,851	29,615	9,338	10,062	10,062	10,062	10,062	10,062
			省略する					
雑費	1,425	833	798	791	791	791	791	534
販管費	64,942	73,110	32,883	30,919	30,919	30,919	30,919	30,662

中小企業基盤整備機構　認定支援機関向け研修資料より

5

（出典：中小企業庁ウェブサイト「事例サンプルA【原則版】」(https://www.chusho.meti.go.jp
/keiei/kakushin/kaizen/2018/180718kaizen13.pdf) (2022.4.27)）

第 3 章

資金確保策の検討

60

第1　金融機関からの資金調達を検討する

＜フローチャート～金融機関からの資金調達の検討＞

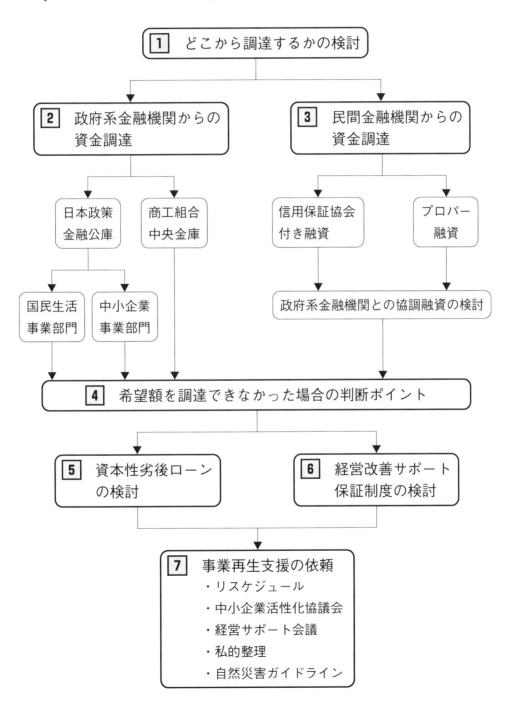

1 どこから調達するかの検討

　経営が悪化して資金繰りが逼迫している時とは、企業の信用リスクが高まっている状態であり、民間金融機関サイドでは、貸出リスクを負いにくい状況といえます。よって、このような状況下では、まず政府系金融機関や民間金融機関の融資に対する公的な信用補完制度である信用保証制度を活用した資金調達策を検討します。具体的には、以下の手順で、資金調達先を検討します。

① 　資金繰り維持のための必要な資金額の算定

② 　政府系金融機関からの資金調達の検討

③ 　政府系金融機関単独では、①の資金が調達できない場合に、民間金融機関の信用保証協会付き融資による民間協調融資体制構築の検討

2 政府系金融機関からの資金調達

(1)　政府系金融機関の機関別の特徴を理解する ■■■■■■■■■■■■

ア　日本政策金融公庫

　日本政策金融公庫の国民生活事業部門は、個人事業主や小規模企業を融資対象とし、中小企業事業部門は、比較的規模の大きい中小企業を融資対象としています。よって、経営危機を脱するために必要な資金の金額に応じて、どちらの部門に相談するかを見極めます。この目安ですが、国民生活事業部門の一般貸付の融資限度額は4,800万円であり、新型コロナウイルス感染症特別貸付の融資限度額も8,000万円ですので、この金額を超える場合には、中小企業事業部門に相談することになります。なお、両方の部門から資金調達することも制度的には可能ですが、このような利用は、例えば、事業再生の場面で、中小企業再生支援協議会などの支援スキームに基づいて実施されることが多いのが現実です。

イ　商工組合中央金庫

　中小企業等協同組合などの中小企業団体とその構成員である中小企業を融資対象としています。新型コロナウイルス感染症対応の「危機対応融資」制度での融資限度額

は6億円ですので、顧問先等が融資対象となっているかを本支店等に確認していただき、融資が可能という場合には、上記アの日本政策金融公庫と合わせて資金調達を検討してください。

(2)　政府系金融機関からの資金調達のポイント■■■■■■■■■■■■

日本政策金融公庫は、事業者と預金取引をしていませんので、事業者の日常的な情報を有していません。よって、政府系金融機関から経営危機時に迅速に資金調達を行うためには、顧問先に対して、以下の指導を行う必要があります。

① 新規取引の場合には審査項目が増加して融資判断に時間を要するので、日頃から政府系金融機関との取引を継続すること
② 現在の経営危機の内容と、その改善策及び向こう半年から1年の資金繰り予測表を準備すること
③ 税理士としてしっかり伴走支援を行っている旨を記載した紹介状を添付すること

3 民間金融機関からの資金調達

(1)　信用保証協会付き融資 ■■■■■■■■■■■■■■■■■■■■■■■■

経営危機により外部からの信用力が低下している場合には、低下したリスクを補完するために、信用保証協会付き融資制度での資金調達を最初に検討します。

◆信用保証制度の種類と検討方法

信用保証制度は、全国一律の制度と各自治体単位別制度の2種類の制度があります。また、災害や新型コロナウイルス感染症対策などの特別な保証制度が用意されることも多いことから、各都道府県や各信用保証協会のウェブサイト等で最新の信用保証制度を確認し、顧問先に最も適した制度について検討します。

◆責任共有制度

信用保証制度は、民間金融機関の融資において、信用保証協会が保証人として、中小企業の信用を補完することで、資金調達を円滑に行うための制度です。現在、この

信用保証制度には、信用保証協会の保証割合を融資金額の80％とし、残り20％部分は民間金融機関が責任を負う「責任共有制度」と、信用保証協会が100％保証する「責任共有対象外制度」の2種類があります。この責任共有対象外となる主な保証制度は以下のとおりです。

セーフティネット保証（5、7、8号を除きます。）
危機関連保証
災害関連保証
創業関連保証
事業再生保証
小口零細企業保証
特別小口保険に係る保証

アドバイス

　民間金融機関としては、責任共有対象外制度の方が自らの経営リスクが少ないため、おのずと提案が多くなりがちです。これに対し、金融庁は、民間金融機関による事業性評価による目利き力の強化を要請しており、また保証協会においても、民間金融機関の支援継続姿勢を保証引き受けの可否判断の一つとしています。経営危機時の資金調達の可能性を高めるためには、それらの事情を踏まえ、どの保証制度がベストかをよく判断することが大切です。

◆伴走支援型特別保証制度

　中小企業に対する目下の金融支援策としては、コロナ禍で急速に増加した借入金の返済原資を生み出せる収益性の向上支援と、新たな資金需要に応えるための売上拡大等の成長支援であり、これらを達成するためには、今まで以上に金融機関が伴走する支援策が欠かせません。

　このため、令和3年4月より、「伴走支援型特別保証制度」の取扱いが開始されました。制度の概要は以下のとおりです。

伴走支援型特別保証制度について

- コロナ禍において多くの中小企業者の売上等が減少しており、**早期に経営改善等に取り組む必要**がある。
- 中小企業者のこうした取組を後押しするため、一定の要件（売上減少▲15％以上等）を満たした中小企業者等が、**金融機関による継続的な伴走支援を受けること等を条件**に、**信用保証料の事業者負担を大幅に引き下げる「伴走支援型特別保証制度」を創設**し、2021年4月から制度を開始。なお、コロナの影響の長期化を踏まえ、**保証上限額を本年2月に4,000万円から6,000万円に引き上げ**。

【伴走支援型特別保証制度の概要】

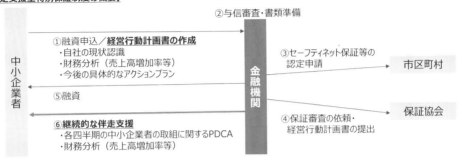

【その他の要件】

○保証限度額：6,000万円　　　○売上減少要件：▲15％以上
○保証期間　：10年以内　　　　○その他　　　：・経営行動計画書を作成すること
○据置期間　：5年以内　　　　　　　　　　　　　・金融機関が継続的な伴走支援をすること
○金利　　　：金融機関所定
○保証料率　：原則0.2％

（出典：中小企業庁ウェブサイト）

　この制度は、コロナ禍に苦しむ多くの中小企業の経営改善支援に対して取引金融機関が一緒に伴走支援をすることを信用保証協会が保証引受けを認諾する際の判断ポイントに加え、金融機関及び保証協会が一体となって支援していく仕組みです。なお、保証限度額は、令和4年2月より6,000万円に引き上げられています。

（2）　プロパー融資 ■■■■■■■■■■■■■■■■■■■■■■■

　信用保証協会付き融資での調達が難しい場合でも、取引金融機関に対しては、経常運転資金（日商の1.5か月分相当が目安）に対する短期のプロパー融資などでの支援を再度依頼します。

（3）　政府系金融機関との協調融資の検討 ■■■■■■■■■■■■■■■

　経営危機に陥った企業を一つの金融機関単独で支えるには限界があります。また、仮に、融資の申込みが可決となっても、単独での支援のため、減額査定となり、業績回復までの資金繰りを維持するために必要な資金が調達できないことも生じます。このような場面では、日本政策金融公庫等の政府系金融機関と民間金融機関の協調融資

体制を構築して、必要額を確保することも検討します。ただし、この調整は、打診の
タイミングなど、複数の金融機関の調整実務の経験がないと難しいものです。

　そこで、専門家としては、まずは政府系金融機関に事前相談を行って、協調融資で
の調達も検討している旨をあらかじめ申し出て、進め方を含めて相談をすることをお
勧めします。

4　希望額を調達できなかった場合の判断ポイント

　上記の対応でも資金繰り維持に必要な資金の確保が難しい場合には、一刻を争う事
態も想定されますので、今一度、顧問先の資金繰り内容を見直し、外部への支払猶予
も検討しつつ、資金繰りがいつまで持つかを確認します。その時間軸に合わせて、2か
月程度は資金繰りが持つ場合には、次の 5 と 6 の可能性を検討します。

5　資本性劣後ローンの検討

　これは、日本政策金融公庫及び商工組合中央金庫が行っている「資本性劣後ローン」
を指します。この融資制度の最大の特徴は、金融機関の資産査定において、負債では
なく資本として扱えることにあります。よって、仮に現状債務超過状態で外部取引に
支障が出ている企業が、この資本性劣後ローンで資金調達を行うことにより、資産査
定上は増資を受けたと同じ効果を生み、債務超過状態を解消して、更なる支援を受け
ることが期待できます。また、毎月の元本返済は不要で期限一括返済でよいことから、
資金繰りも大きく改善できることにあります。デメリットとしては、資本として融資
することから、資本利回りに準じた利息の回収が必要となり、通常の融資より金利が
高いことが上げられます。

　従来は、比較的規模の大きい中小・中堅企業が活用する場面が多かったのですが、
コロナ禍により企業規模に比べて借入金の残高が大きく増加してしまっている企業が
多くなっており、今後、通常の融資枠では事業継続に必要な資金が調達できない事案
が多発することが懸念されています。

　よって、中小零細企業に対するポストコロナの金融支援策の一つとして、資本性劣
後ローンの重要性が高まっていますので、通常の資金調達交渉で必要資金を確保でき

ない場面では、是非本制度の活用による打開策について専門家としての検討をお願い
します。

6 経営改善サポート保証制度の検討

　上記5の交渉も芳しくない場合には、「経営改善サポート保証」制度の活用を検討
してください。

　この制度は、中小企業者や金融機関からの依頼を受けて、信用保証協会や再生支援
協議会が債権者間調整を行いつつ、中小企業者に対して経営改善・再生計画の策定支
援を行い、金融機関の支援を得られる場合には、信用保証協会が「経営改善サポート
保証」を行うことにより、事業再生に必要な資金調達を行える仕組みです。

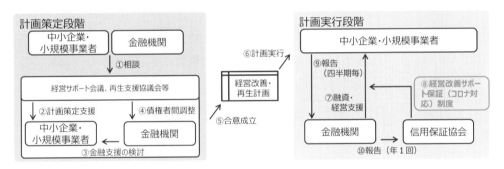

（出典：中小企業庁ウェブサイト）

　特に、令和3年4月から、コロナ禍で借入金の残高が急増して、追加の資金を調達す
ることが困難になる事業者の急増に備えて、据置期間を最大5年に緩和し、信用保証料
の事業者負担を大幅に下げる「感染症対応型」の新保証制度が措置されました。

【経営改善サポート保証（感染症対応型）の概要】

保証限度額	2億8,000万円（一般の普通・無担保保証とは別枠）
保証割合	責任共有保証（80％保証）。ただし、100％保証及びコロナ禍のセーフティネット5号からの借換えについては、100％保証
保証料率	0.2％（従来の制度：0.8％以内、1.0％以内）
保証期間	15年以内
据置期間	5年以内（従来の制度：1年以内）

7　事業再生支援の依頼

　上記⑤及び⑥の調達交渉が不調の場合には、事業継続のために必要手元資金を温存するために、事業再生支援の依頼を検討します。

(1)　リスケジュール ■■■■■■■■■■■■■■■■■■■■■■■■■■■

　上記⑤及び⑥の調達交渉が不調の場合であって、手元資金がショートするまで余裕がない場合には、取引金融機関に翌月からの元本返済を一時見合わせるリスケジュール（借入金の返済条件変更。以下「リスケ」といいます。）を要請します。

　なお、新型コロナウイルス感染症拡大に伴い、現在、金融庁等からは、民間金融機関や政府系金融機関に対しては、既往債務の返済猶予などの条件変更について、最大限柔軟に対応すること等について累次にわたって要請を行い、各金融機関では条件変更に柔軟に対応していますので、専門家は、各金融機関と連携をとりつつ、クライアントの資金繰りを守る支援を行います。

◆実務ポイント

　リスケを行うと、金融機関側では、貸出先の信用格付けを落とします。

　よって、リスケ中は、通常は新規の貸出しを控えます。しかし、金融機関の独自の事業性判断により、受注が回復した場合には、短期継続融資であれば応じるところもあります。よって、リスケ要請がやむを得ない場合には、リスケ中の融資継続の可否、可能となる要件、正常貸出先への回復基準について、クライアントを通じて事前にヒアリングをしておくことが重要です。

(2)　中小企業活性化協議会 ■■■■■■■■■■■■■■■■■■■■■■■

　令和4年4月に、中小企業再生支援協議会と経営改善支援センターが統合して、新たに「中小企業活性化協議会」として、経営難に直面する中小企業に対する公的支援機関として活動を開始しています。

（出典：中小企業庁ウェブサイト）

　中小企業活性化協議会を通じて事業再生を行う場合には、以下の二つの方法があります。

①　中小企業活性化協議会自身による事業再生支援を依頼する

　この場合には、中小企業活性化協議会に直接相談を行います。相談の結果、相談企業の経営の悪化度合いに応じて、以下の三つの支援方法が検討されます。

　⑦　収益力改善支援

　現状では、資金繰りの目途はある程度見込めるが、借入金の返済負担が重いなど、いずれ資金ショートのリスクがある場合に、1年間から3年間の収益力改善計画を策定し、元本返済猶予等の金融支援が必要な場合には、協議会を通じて金融支援を要請します。また、収益力改善計画成立後も、定期的なモニタリングを実施します。

　④　プレ再生支援・再生支援

　収益性のある事業はあるものの、過大負債による返済負担が重いなど財務上の問題がある中小企業に対して、元本据置きなどの金融支援を前提とした事業再生計画を策定し、協議会が金融機関等の債権者との間に立って、再生計画案の合意形成に向けたサポートを実施します。また、再生計画成立後も定期的なモニタリングを実施します。

　⑨　再チャレンジ支援

　事業の継続が難しいと見込まれる場合には、協議会に所属する弁護士等の専門家に

よる経営者等の再チャレンジに向けた助言を実施し、経営者保証に関するガイドライン等を活用して、保証債務の整理等の検討も行います。

② 認定経営革新等支援機関の事業再生支援を要請する

　税理士等が中心となって国に登録している認定経営革新等支援機関による支援スキームであり、専門家費用の一定割合を国が補助する仕組みです。

　㋐ 早期経営改善計画策定支援

　認定経営革新等支援機関の支援により、資金実績・計画表やビジネスモデル俯瞰図などの経営改善計画を策定し、専門家費用の2／3（以下の上限あり）を国が補助します。

支援枠	補助対象経費	補助率	備考
通常枠	計画策定支援費用 伴走支援費用 伴走支援費用（決算期）	2／3（上限15万） 2／3（上限5万） 2／3（上限5万）	伴走支援（期中）は事業者の希望に応じて実施いたします。
経営者保証解除枠	計画策定支援費用 伴走支援費用 伴走支援費用（決算期） 金融機関交渉費用	2／3（上限15万） 2／3（上限5万） 2／3（上限5万） 2／3（上限10万）	伴走支援（期中）及び金融機関交渉は事業者の希望に応じて実施いたします。

（出典：中小企業庁ウェブサイト）

　㋑ 経営改善計画（405事業）策定支援

　元本据置き、債務免除などの金融支援を伴う本格的な経営改善の取組が必要な中小企業に対して、認定経営革新等支援機関が経営改善計画の策定を支援し、専門家費用の2／3（以下の上限あり）を国が補助します。令和4年4月から適用が開始された「中小企業の事業再生等に関するガイドライン」（以下の表中は、「中小版GL」）に基づき、後掲(4)で説明する「私的整理」に取り組む事業者に係る経営改善計画の策定費用等について国が補助する制度が用意されています。

支援枠	補助対象経費	補助率	備考
通常枠	DD・計画策定支援費用 伴走支援費用（モニタリング費用） 金融機関交渉費用	2／3（上限200万） 2／3（上限100万） 2／3（上限10万）	金融機関交渉費用は、経営者保証解除を目指した計画を作成し、金融機関交渉を実施する場合に対象。（任意）
中小版GL枠	DD費用等 計画策定支援費用 伴走支援費用	2／3（上限300万） 2／3（上限300万） 2／3（上限100万）	中小版GLに基づいた取組が対象 また、その取組の際に必要となる第三者支援専門家の手続に係る費用も補助対象。

（出典：中小企業庁ウェブサイト）

(3) 経営サポート会議 ■■■■■■■■■■■■■■■■■■■■■■■■■

　各地域の信用保証協会が行っている中小企業支援スキームです。

　リスケの要請を検討している企業や、リスケ中であるが、正常債権への回復を目指

している企業を信用保証協会が取引金融機関との仲介役となり、そのサポートを行うものです。令和3年4月に新設され、6 で解説した「経営改善サポート保証」は、この経営サポート会議を活用した保証制度になります。この経営サポート会議を利用するメリットは、民間金融機関の融資を保証する信用保証協会が、事業者の経営改善計画の内容や、経営者の事業再生への意思についての情報を直接共有し、信用保証協会が複数の金融機関との金融調整を担うことにより、事業再生を図ることができる点にあります。

(4)　私的整理 ■■■■■■■■■■■■■■■■■■■■■■■■■■■■■■■■

「私的整理」というと、会社を閉鎖して整理するような印象を持たれるかもしれませんが、この言葉は、裁判所が関与する「法的整理」である、民事再生法や会社更生法などと比較した手続となります。もちろん、私的整理には、事業の閉鎖、清算等を目的とするものを含まれますが、本書では、事業再生場面での「私的整理」について解説します。具体的には、債権者全員の了解の下に事業再生計画を策定して、事業再生を目指す手続となります。よって、「私的整理」という表現よりは、「私的再生手続」という表現の方が実態に合っているかもしれません（日本弁護士会連合会、日弁連中小企業法律支援センター編『中小企業事業再生の手引き』13頁（商事法務、2012）においても、事業再生の手法については、「法的再生手続」と「私的再生手続」に分類しています。）。債権者全員の合意が前提となるので、債権の切捨て等を求めるのではなく、債務弁済のリスケジュールにより、事業再生を図り、債権者との取引正常化までの協力を得られるような事業再生計画案が策定できるか、また、事業再生計画案どおりに事業再生及び債務の弁済が実行できるかがポイントとなります。法的整理との差をまとめると以下のようになります。

	私的整理	法的整理
性　格	私的再生手続	法的再生手続
申立者	債務者	債務者又は債権者
対象債権者	金融債権者のみ	仕入先等の一般債権者含めた全て
対外的影響	当事者のみで交渉（非公表）	公表
再生計画	全員の同意が必要	多数決
裁判所の関与	なし	あり

┌─────── アドバイス ───────┐

　上記の表のとおり、法的整理の場合には、仕入先等の一般債権者を巻き込んだ事業再生手続となり、整理手続自体も公表されるため、経営へ与える影響も大きくなります。よって、中小企業の場合には、債務者側で弁護士に私的整理手続を依頼して手続を進めることが一般的です。また、比較的大きな事案の場合には、事業再生ADRや、REVIC（地域経済活性化支援機構）が関与する手続も含めて検討します。

(5)　自然災害ガイドライン ■■■■■■■■■■■■■■■■■■■■■

　地震、台風等の自然災害の影響により、住宅ローンや個人事業主の事業性借入金の返済が困難な場合には、「自然災害による被災者の債務整理に関するガイドライン」（平成27年12月、自然災害による被災者の債務整理に関するガイドライン研究会）により、弁護士や税理士等の「登録支援専門家」の支援を無料で受けることができ、住宅等を手放すことなく、債務の免除・減額を申し出る制度があります。また、この制度については、新型コロナウイルス感染症の影響を受けた場合についての特則（「自然災害による被災者の債務整理に関するガイドライン」を新型コロナウイルス感染症に適用する場合の特則（令和2年10月、自然災害による被災者の債務整理に関するガイドライン研究会））が用意されており、同様の支援を受けることができます。

　手続の流れは以下のようになります。

| 1 | 債務者自身が、最も債務の多い金融機関へガイドラインによる手続着手を申出 |

↓

| 2 | 金融機関からの同意が得られたら、弁護士会等を通じて、自然災害被災者債務整理ガイドライン運営機関に対し、「登録支援専門家」による手続支援を依頼 |

↓

| 3 | 債務整理（開始）の申出 |

↓

| 4 | 「調停条項案」の作成 |

↓

| 5 | 「調停条項案」の提出・説明 |

↓

| 6 | 特定調停の申立て |

↓

| 7 | 調停事項の確定 |

第2　補助金・助成金・給付金の利用を検討する

＜フローチャート〜補助金・助成金・給付金の利用の検討＞

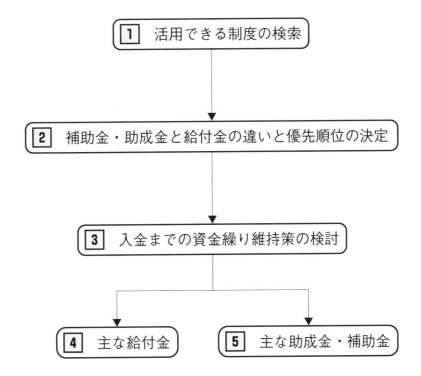

1　活用できる制度の検索

2　補助金・助成金と給付金の違いと優先順位の決定

3　入金までの資金繰り維持策の検討

4　主な給付金

5　主な助成金・補助金

1 活用できる制度の検索

　新型コロナウイルス感染症の影響が長期化する中で、各種の補助金・助成金・給付金が、市区町村、都道府県、国ごとに随時更新されています。よって、まずは、どの制度が現在利用できる可能性があるのかを確認する必要があります。

　市区町村レベルまでの補助金等の情報を確認する場合には、以下のウェブサイトで網羅的に検索ができます。

→J-net21（中小企業基盤整備機構が運営）

　・「新型コロナウイルス（都道府県別）」

　　https://j-net21.smrj.go.jp/support/covid-19/regional/index.html（2022.4.27）

　・「補助金・助成金・融資」

　　https://j-net21.smrj.go.jp/snavi/index.html（2022.4.27）

　また、国の制度を中心に確認する場合には、以下のウェブサイトで、検索することが可能です。

→ミラサポplus（経済産業省・中小企業庁運営）

　https://mirasapo-plus.go.jp（2022.4.27）

2 補助金・助成金と給付金の違いと優先順位の決定

◆補助金・助成金と給付金の違い

　これらの違いを整理すると以下のようになります。

区　分	目　的	例　示
補助金	生産性や付加価値等の向上を目指した補助事業を行った場合に、当該補助事業経費を支援する	IT導入補助金 事業再構築補助金
助成金	経営環境の悪化などによる人件費等の経費を助成するもの	雇用調整助成金
給付金	一定の要件を満たした場合に給付されるもの	持続化給付金

　補助金は、将来の投資に関する補助という性格が強いため、顧問先が経営危機に陥っている場合に検討すべきは、雇用調整助成金等の助成金及び各種の給付金になります。さらに、助成金はあくまで支出した経費の助成となるので、資金繰りが逼迫している場合には、手元資金を確保するために、給付金申請を最優先に行う必要があります。

3 入金までの資金繰り維持策の検討

　給付金等は、災害等が発生した時に手当されることが多く、支給申請が殺到し、申請してから入金までに想定以上に時間を要することをあらかじめ想定しておく必要があります。

　この申請から入金までの資金繰り維持が必要な場合には、金融機関に支援を要請します。給付金等は、受給要件を満たしていれば、原則的に必ず支給されるものであり、この事業活動で生じる債権発生から入金までの入金サイトのずれを補うのが、金融機関が本来果たすべき役割です。よって、申請要件を満たしていること等を申請書類等の控えにより、しっかり説明して、入金サイトのずれをつなぐ支援を専門家としてしっかり行っていく必要があります。融資制度としては、民間金融機関の短期融資制度が考えられますが、民間金融機関がプロパー融資で支援することが難しい場合には、クライアントの財務内容が債務超過でないなど一定の要件はありますが、信用保証協会の「短期継続融資保証」制度や政府系金融機関の融資制度も検討してください。

4 主な給付金

　経営危機時には、様々な給付金が手当されます。特に、市区町村の給付金関係は、周知が十分されないことも多いので、市区町村のホームページ等で随時確認することが必要です。

【経営危機時の給付金（新型コロナウイルス感染症対策時の例）】

区　分	所　管	内　容
給付金	国	持続化給付金、月次支援金、事業復活支援金
	地方自治体	月次支援金（支給金額上乗せ、支給要件の緩和等）
		感染拡大防止協力金
		営業時間短縮協力金・支援金
		事業継続のための給付金

5 　主な助成金・補助金

　助成金・補助金については、給付金と異なり、支払が先行します。よって、手元資金繰りが厳しい場合には、取引金融機関に対して、当該助成金・補助金により、事業転換や業態転換を図ることができ、助成金・補助金の支給要件も満たしていること等を説明して、融資の支援要請も併せて行ってください。

【経営危機時の助成金・補助金（新型コロナウイルス感染症対策時の例)】

区　分	所　管	内　容
助成金・補助金	国	雇用調整助成金
		持続化補助金
		事業再構築補助金
	地方自治体	テレワーク促進助成金
		業態転換助成金

第3　保有資産を活用した資金の確保を検討する

＜フローチャート〜保有資産を活用した資金の確保の検討＞

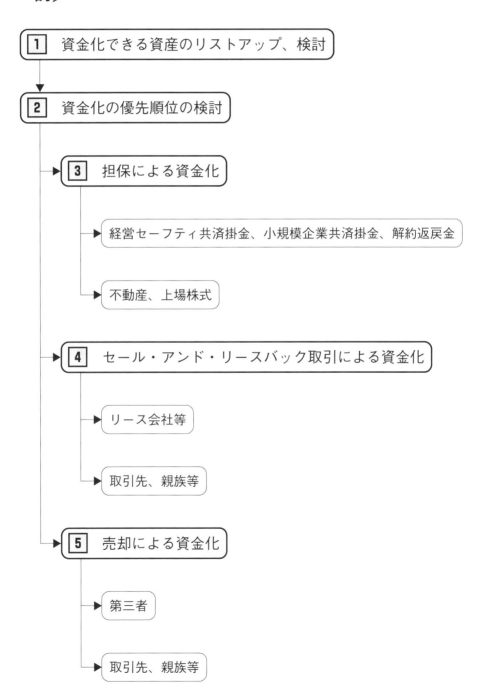

1　資金化できる資産のリストアップ、検討

2　資金化の優先順位の検討

3　担保による資金化

経営セーフティ共済掛金、小規模企業共済掛金、解約返戻金

不動産、上場株式

4　セール・アンド・リースバック取引による資金化

リース会社等

取引先、親族等

5　売却による資金化

第三者

取引先、親族等

1 資金化できる資産のリストアップ、検討

　経営危機時には、保有資産による資金化も検討すべき手法です。具体的には、以下の手法があります。

① 保有資産を担保に金融機関等から資金調達を図る方法
② 保有資産をリース会社等に売却した上で、当該資産のリースバックを受ける方法
③ 保有資産を第三者等に売却して資金調達を図る方法

2 資金化の優先順位の検討

　保有資産の資金化を考える場合には、以下の順序で検討することが重要ですが、それぞれの手法のメリットとデメリットを比較して、最終的な優先順位を決めます。

優先順位	手法	メリット	デメリット
1	担　保	保有資産を売却せずに保有できる	担保による査定が入るので、売却価値の80%程度しか資金化できない
			担保調査等に時間を要することが多い
2	リースバック	保有資産を継続して利用できる	買取事業者の仕入価格となるので、市場価格よりは低い金額となる可能性が高い
			買取価格査定に時間を要することがある
3	売　却	市場価格で売却ができる	事業所の移転や生産ラインの外注切り替えなど事業継続のための仕組みを再構築する必要がある

3 担保による資金化

　金融機関からの資金調達については、**本章第1**にて述べたので、ここでは、それ以外の調達方法について解説をします。

◆経営セーフティ共済
　経営セーフティ共済（中小企業倒産防止共済制度）は、取引先事業者が倒産した際に、中小企業が連鎖倒産や経営難に陥ることを防ぐための制度です。取引先が倒産等

した場合には、無担保・無保証人で掛金の最高10倍（上限8,000万円）まで借入れできます。また、取引先が倒産等していない場合であっても、緊急に事業資金が必要な場合には、解約手当金の95％を上限として、「一時貸付金」により資金調達をすることができます。

区　分	内　容
借入限度額	解約手当金×95％
借入期間	1年間（コロナによる返済猶予特例あり）
金　利	金利情勢で変動（現状：年0.9％）
返済方法	期限一括償還
担　保	不要（解約手当金が実質的な担保）
保証人	不要

◆小規模企業共済

小規模企業共済の掛金を担保とした下記の借入制度が利用できます。

① 一般貸付制度

小規模企業共済の加入者であれば、誰でも利用が可能です。

区　分	内　容
借入限度額	2,000万円（ただし、納付掛金の総額の7～9割の範囲内）
借入期間	100万円以下：1年、505万円以上：5年
金　利	金利情勢で変動（現状：年1.5％）
返済方法	借入期間が1年以下の場合は期限一括償還。それ以外は6か月ごとの元金均等割賦償還
担　保	不要（掛金が実質的な担保）
保証人	不要

② 緊急経営安定貸付け

経済状況の変化等に起因した一時的な業況悪化により、資金繰りに支障を来している小規模企業共済の契約者が対象の制度です。

区　分	通常制度	コロナ特例制度
借入限度額	1,000万円（ただし、納付掛金の総額の7～9割の範囲内）	2,000万円（ただし、納付掛金の総額の7～9割の範囲内）

借入期間	500万円以下：3年、505万円以上：5年	500万円以下：4年、505万円以上：6年（いずれも据置期間1年含む）
金　利	金利情勢で変動（現状：年0.9%）	無利息
返済方法	6か月ごとの元金均等割賦償還	6か月ごとの元金均等割賦償還
担　保	不要（掛金が実質的な担保）	
保証人	不要	

◆生命保険契約の契約者貸付金

　生命保険契約の解約返戻金を実質的な担保とした貸付制度です。借入可能金額は、解約返戻金のおおむね7割から9割で調達することが可能です。

4 セール・アンド・リースバック取引による資金化

◆会計及び税務上の取扱い

　セール・アンド・リースバック取引は、資産の売買取引（セール）後の当該資産の賃貸借取引（リース取引）の内容に応じて会計及び税務処理を考えます。経営危機時のセール・アンド・リースバック取引におけるリースバック契約は解約可能な賃貸借契約となることが多いため、会計上は、セール時は通常の売却処理となり、リースバック時は賃借料を支払う取引となることが圧倒的に多いと思われます。この場合、税務的には、売買とはみなさず、金銭の貸付けとみなされます。

区　分	売買時 売買契約	リースバック時 賃貸借契約	売買時処理	リースバック時処理
会　計	売買取引	ファイナンスリース	売却損益を長期前払費用・長期前受金処理の上、売却代金を受入処理	リース会計基準によりリース資産・リース負債を計上
		オペレーティングリース	売却損益をその年度で認識して売却代金を受入処理	リース料をその年度で経費認識

税　務	金融取引	金銭の貸付け	資産の売却は無かったものとする	税務上の償却限度額＋支払利息が損金算入限度額となる

ア　売買時の会計処理

リース取引に関する会計基準の適用指針49項によれば、リースバック時のリース取引が、ファイナンスリース取引（所有権移転ファイナンスリース又は所有権移転外ファイナンスリース）に該当する場合には、売却損益は、長期前受収益又は長期前払費用等で繰延処理を行い、リース会計により計上される「リース資産」の減価償却費に加減して損益計算を行います。また、売却損が合理的な見積市場価額が帳簿価額を下回ることにより生じたことが明らかな場合には繰延処理は要さないとされています。また、リースバック時のリース取引がファイナンスリース取引に該当しない場合には、オペレーティングリース取引となり、資産の売却損益を認識します。

イ　売買時の税務処理

一方、税務上は、そのセール・アンド・リースバック取引の対象となる資産の種類、取引の事情その他の状況に照らし、実質的に金銭の貸借であると認められるときは、資産の売買はなかったものとし、かつ、譲受人から譲渡人に対する金銭の貸付けがあったものとされます（法税64の2②）。よって、資金化を目的としている場合は、金銭の貸付けに該当することになります。

ウ　リースバック時の処理

会計上、ファイナンスリース取引に該当する場合には、リース資産及びリース負債を計上する等のリース会計基準に準じた処理を行います。オペレーティングリース取引の場合も同様です。

一方、資金調達を目的として、セール・アンド・リースバック取引を行った場合には、税務上、資産の売買がなかったものとされるため、保有を継続している資産の税務上の減価償却費と支払利息の合計額が損金算入限度額となります。

◆セール・アンド・リースバック取引についての注意点

通常は、セール・アンド・リースバック取引を行っているリース会社や不動産業者に依頼します。ただし、その査定価格は、業者側の仕入価格となるので、市場価格より低く、また提示価格もかなりまちまちですので、リース契約の内容も精査をしてから取引業者を選定します。リース契約においての確認をしておくべき事項は以下となります。

① 　リース料及びリース期間

② 　リース契約の更新の可否、更新料等の有無

③ 　敷金、保証金等の設定

④ 　担保権（抵当権、根抵当権）設定の有無

⑤ 　資産の優先的買戻し条項の設定の可否

◆取引先や親族等との取引の場合の注意点

　リース会社等以外では、緊急避難的に取引先や親族等に買取りとリースバックを依頼するケースもあるかと思います。この場合にも、上記「◆セール・アンド・リースバック取引についての注意点」の①から⑤までについて、事前に契約書等で合意内容を明確にしておくとともに、抵当権等について当初は設定しない形で合意した場合には、その後、担保権が知らないうちに設定されていて、買戻し依頼時に支障が出ることもあるので、担保権設定の場合に事前通知条項等を入れておくことも検討してください。また、純粋に利害関係が対立した第三者間取引ではないため、取引価格が時価であるかの説明資料の準備を行っておくことも重要です。

5　売却による資金化

　市場で売却する方法が、最も多くの資金を確保することが可能と思いますが、事前に検討しておくべき注意点も多くあります。

◆売却の場合の検討事項

① 　担保抹消合意

　セール・アンド・リースバック取引の場合は、当該資産に担保設定がされていたとしても、他の不動産等を含めた共同担保設定でなければ、買取りによって、担保が抹消されて新規の担保設定がされるのが通常ですので問題になることが少ないですが、単純に売却する場合には、既存金融機関等との担保抹消交渉を行い、抹消の合意を取り付けておく必要があります。

② 　事業拠点や事業フローの見直し

　事務所や工場を売却するとなると、事業拠点の移転や、従来自社内で行っていた作業や業務を外注先に依頼するなどビジネスモデルを変更する必要性も出てきます。よって、移転コストや、必要人員の再配置、一部社員に対して再稼働まで自宅待機を命

じる場合などの雇用調整助成金の受給の可否、外注先の選定と取引条件の交渉などを行い、資金繰りが維持できるかを事前に検討しておく必要があります。また、その経営改善計画の実現可能性が高ければ、金融機関の支援も得られる可能性もあるので、協力の要請も合わせて行います。

◆取引先、親族等との取引の場合の注意点

　取引先や親族等との取引の場合には、セール・アンド・リースバック取引と同様、純粋に利害関係が対立した第三者間取引ではないため、取引価格が時価であるかの説明資料の準備を行っておくことが重要です。また、リースバック取引の設定がない場合には、買主側も買取資産での収益化を行っていく必要があるため、買戻しは難しくなります。

　場合によっては、買取実行後に、すぐに第三者へ売却されてしまうケースも生じます。よって、買い戻す希望が少しでもあるのであれば、一定期間は、セール・アンド・リースバック取引とし、買戻し資金を確保できない場合には、単純売却にする等の特約条項を付けることも検討しておきます。

第４　納税、社会保険料等の支払猶予を検討する

＜フローチャート～納税、社会保険料等の支払猶予の検討＞

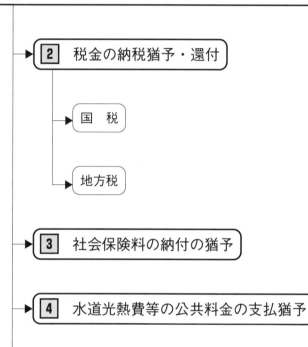

1　支払猶予を検討する税金、社会保険料等のリストアップ

　経営危機時には、外部への支払を猶予して、事業再生に必要な資金を確保する必要があります。猶予すべき支払のリストアップの順番は、公的な支払から順に検討をしていきます。公的な支払には、国税、地方税、社会保険料等があります。次に、電気、水道、ガス等の公共料金についての支払猶予を検討し、それでも、資金繰りを維持することが厳しい場合には、金融機関への返済等の猶予を依頼します。金融機関への返済猶予（リスケジュール）等については、本章第1　7　で解説をしていますので参照してください。最後に、取引先等への支払猶予を検討します。

2　税金の納税猶予・還付

(1)　国税の納税猶予制度 ■■■■■■■■■■■■■■■■■■■■■■■■■

　国税に関する納税猶予制度は、国税通則法11条に定める災害等による申告期限及び納付期限の延長制度と、国税通則法46条に定める納税猶予制度があります。

	災害等		事業悪化等
	相当な損失	相当の損失に満たない場合	事業悪化等
申告期限・納付期限の延長	あり（税通11）		なし
納税の猶予	あり（税通46①）	あり（税通46②）	あり（税通46②③）
担保提供	なし	原則必要（税通46⑤）	原則必要（税通46⑤）
猶予期間	1年以内（右の延長申請を行うことにより最大3年間の猶予が可能）（税通46①）	1年以内（1年延長可。よって、最大2年間）（税通46②）	1年以内（1年延長可。よって、最大2年間）（税通46②③）

　ア　申告期限・納付期限等の延長

　災害等のやむを得ない理由により、申告手続や納付等の期限までに、これらの行為ができない場合には、その理由がやんだ日から2か月以内に限り、その期限が延長され

ます（税通11）。

　イ　納税の猶予

　　a　災害等による場合

① 相当の損失を受けている場合

　担保等の提供を受けることなく、その納期限から1年以内の期間について、納税の猶予を受けることが可能です。また、やむを得ない理由がある場合には、国税通則法46条2項の規定の適用を受けることにより、更に2年の延長を受けることが可能です。なお、「相当の損失」とは、災害による損失の額が納税者の全積極財産の価額に占める割合がおおむね20％以上の場合をいいます（国税通則法基本通達（徴収部関係）第46条関係　納税の猶予の要件等　「1項の猶予」2)。延滞税については、猶予期間中については、軽減（令和4年中は年0.9％）又は免除されます。

② 相当の損失に満たない場合

　原則として担保提供を行った上で、その納期限から1年以内の期間について、納税の猶予を受けることが可能です。また、猶予期間については、やむを得ない理由がある場合には、さらに1年延長することができます。延滞税については、猶予期間中については、軽減（令和4年中は年0.9％）又は免除されます。

　　b　業績悪化等の場合

　上記②と同様の取扱いとなります。

　ウ　換価の猶予制度（税徴151の2）

　上記の納税猶予制度の他に、納税者において、事業の継続又は生活の維持を困難にするおそれがあると認められ、かつ、納税について誠実な意思を有すると認められる場合には、納付すべき国税の納期限から6か月以内に申請することにより、換価の猶予を受ける制度もありますが、まずは、上記納税猶予により対応することになります。

(2)　地方税の納税猶予制度 ■■■■■■■■■■■■■■■■■■■■■■■■■■

　ア　徴収の猶予制度（地税15）

　納税者において、災害により財産に相当な損失が生じた場合や、事業に著しい損失を受けた場合には、納税者の申請により、原則として1年以内の徴収の猶予が認められることがあります。また、やむを得ない理由がある場合には、さらに1年間、徴収の猶予を延長することができます。

　イ　申請による換価の猶予（地税15の6）

　納税者において、地方税を一時に納付することによって、事業の継続等を困難にす

るおそれがあり、かつ、納税に対する誠実な意思があると認められる場合には、納期限から一定期間内に、納税者の申請により、1年間の換価の猶予が認められることがあります。

(3)　国税の欠損金の繰戻し還付 ■■■■■■■■■■■■■■■■■■■

資本金1億円以下の法人で青色申告書である確定申告書を提出する事業年度において欠損金額が生じた場合には、その欠損金額をその事業年度開始の日前1年以内に開始したいずれかの事業年度に繰り戻して法人税額の還付を請求できます（法税80、租特66の12）。

(4)　仮決算による中間申告納税額の減額 ■■■■■■■■■■■■■■■■■

事業年度が6か月を超える普通法人は、原則として中間申告法人税を納付する必要があります。また、消費税も直前の課税期間の確定消費税額に応じて、年1回から年11回の中間申告税額の納付義務があります。この中間申告手続は、前年度実績による中間申告と仮決算に基づく中間申告の2つがあります。業績が悪化している場合には、仮決算を組んで、法人税や消費税の中間申告税額の圧縮を検討します。

また、所得税においても、予定納税額の減額承認申請により予定納税額の圧縮を検討します。なお、消費税において、仮に控除不足額が生じても消費税は還付されません（法税71・72、消税42・43、消基通15−1−5、所税112）。

③　社会保険料の納付の猶予

◆納付の猶予

事業について著しい損失を受けたこと等に該当する場合であって、厚生年金保険料や労働保険料等を一時的に納付することが困難な時は、管轄の年金事務所を経由して地方（支）局長へ申請することにより、納付の猶予が認められる場合があります（厚生年金保険法89等）。

◆申請による換価の猶予

厚生年金保険料や労働保険料等を一時に納付することにより、事業の継続等を困難にするおそれがあるなどの一定の要件に該当するときは、納付すべき保険料等の原則

として、納期限から6か月以内に管轄の年金事務所へ申請することにより、換価の猶予が認められる場合があります（厚生年金保険法89等）。

◆国民健康保険、後期高齢者医療保険料、介護保険料等

　これらについても、各都道府県の条例の定めにより、事業の悪化等により、徴収の猶予が認められる場合があります。

4 水道光熱費等の公共料金の支払猶予

◆水道料金、下水道料金

　水道料金、下水道料金等は、事業所所在地の自治体に支払猶予を要請します。特にコロナ禍の影響を受けた利用者に対しては、令和3年1月22日の「新型コロナウイルス感染症対策本部」において、「緊急事態宣言を踏まえた経済対策」を踏まえ、新型コロナウイルス感染症の影響により、電気料金等の公共料金（上水道、下水道、NHK、電気、ガス及び固定電話・携帯電話の使用料）の支払が困難な事情がある者に対しては、支払の猶予等、迅速かつ柔軟に対応するよう国から要請されています。

　これを受けて、各自治体においては支払猶予等の対応を行っています（東京都を例にあげると、支払猶予の申出から最長で1年間の支払を猶予し、猶予期間後も相談に応じる対応となっています。）。

◆NHK、電気、電話の使用料

　新型コロナウイルス感染症の影響が収まるまでは、上記の「緊急事態宣言を踏まえた経済対策」の要請により、各事業者が行っている支援内容に応じて、支払猶予の申出を行ってください。

5 仕入れ等の経費の支払猶予

　協力の要請を受けた仕入事業者等には負担となるため、応じてもらえるケースは少なく、信用不安が高まり、取引停止や取引条件の悪化（現金決済への切替え要請）を招くことも多いのが現実です。よって、信頼できる取引先に限って、短期間かつ、少額での協力要請が現実的な対応かと思います。

第 4 章

事業体制の検討

90

＜フローチャート～事業体制の検討＞

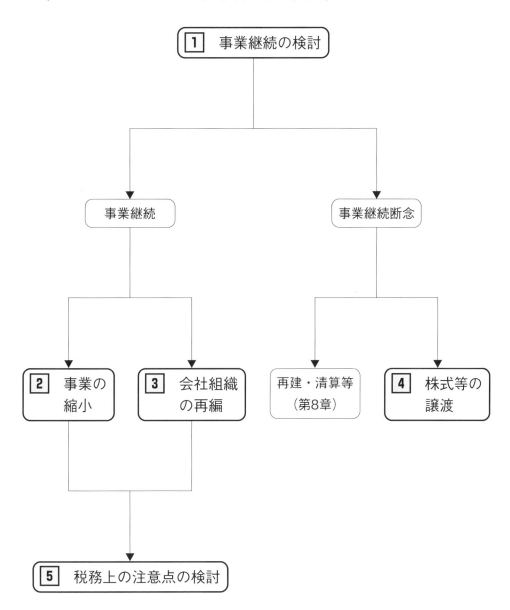

1　事業継続の検討

　会社の経営危機時期において、事業の継続自体に支障があるのに無理に事業を継続することは、多くの法的リスク（同時に税務リスクも）を伴います。以下、若干の具体例を述べます。

◆事業の継続と詐欺罪

　例えば、旅行会社が経営危機に陥り、真実は約束した旅行を実施できなくなる蓋然性が高いにもかかわらず、それを秘して営業を継続して旅行代金を受け取ったような場合等、営業継続自体が詐欺に該当する可能性があります。

　すなわち、会社の経営危機の際、事業の継続自体に支障があり、今ある取引・契約をすれば、代金支払や目的物の引渡し・サービスの履行ができない蓋然性があるにもかかわらず取引を継続すれば、役員や従業員が詐欺罪（刑246）ないし詐欺罪の共同正犯（刑60）に該当する可能性があり、民事上も損害賠償義務（民709等）を負うリスクが生じます。

◆事業縮小と任務懈怠

　例えば、工場で生産している製品が競争力を喪失し、会社が経営危機に陥っている場合には、会社の役員等（取締役、監査役等）は、事業を縮小しないこと自体を理由に役員としての任務懈怠責任（会社423・429）を問われるリスクがあります。

◆リスクが懸念される場合の対処

　このようなリスクを感じる場合、速やかに休業や一時帰休等をした上で、事業継続の可否を慎重に検討します。

　会社を閉じる決断がついた場合には、清算や破産等の手段を検討し（第8章参照）、営業可能であるとの判断に達した場合には、以下の 2 、 3 に掲げた手段を検討します。

2　事業の縮小

（1）　事業の一部譲渡 ■■■■■■■■■■■■■■■■■■■■■■■■■■■■

事業の一部譲渡の処理は、以下に記載する以外は、おおむね事業の全部譲渡と同様

となります。

◆事業の「一部」譲渡の重要性

　顧問先等の会社が経営危機に直面し、事業縮小等の検討をしなければならない場合とは、「当該会社の事業全体」は十分な利益を上げておらずいわゆる赤字状態の場合です。この場合、「事業全部」を事業譲渡の目的物とするのでは事業の買主が見つからないケースも想定されます。

　そのようなケースでは、利益を上げている「一部の事業」を換価する必要性があり、その方法の一つが「事業の一部譲渡」になります。

　なお、後述のとおり、会社分割によっても同様の目的を達することもできます。

◆経営者に必要な事業譲渡の理解

　ア　「事業譲渡」の意味を理解する意義

　事業の一部譲渡をする場合、その出発点として、譲渡会社の社長や株主等に事業譲渡の「定義」を明確に「理解してもらう」ことが非常に重要です。なぜなら、当然のことながら、これらの者が（特に高齢の場合）「事業譲渡」の意味をよく理解せず又は誤解して事業譲渡契約を締結した場合、重大な法的トラブル・税務トラブルに発展するリスクがあるからです。

　そもそも、「事業譲渡」の意味を正確に理解していなければ、事業の一部譲渡と単なる営業用財産譲渡を区別することすらできません。

　さらに言えば、事業の一部譲渡の場合には、事業の全部譲渡に比して、単なる営業用財産譲渡との区別が一層難しく（紛らわしく）なっていることに注意する必要があります。

　イ　「事業譲渡」の定義

　「事業譲渡」（会社467①）とは、最高裁判決の表現によれば（最判昭40・9・22民集19・6・1600参照）、①ある会社（譲渡会社・売主会社）が、一定の営業目的のため組織化され、有機的一体として機能する財産（「得意先」等の経済的価値のある事実関係を含みます。）の全部を他の会社（譲受会社）ないし個人（買主）に承継させる取引行為（売買契約等）であり、②必ず、営業的活動の承継を伴い、③譲渡会社（事業の売主会社）が会社法21条1項及び2項の競業避止義務を負う場合をいいます。

　この定義を依頼者（社長・株主）に理解してもらうためには、関与する税理士や弁護士が、概要や要件をかみ砕いて説明する必要があります。事業譲渡を端的に説明す

ると、①ある営業をするための財産一式を、得意先ごと、②営業を続けたまま（卵を産み続ける鶏のまま）譲渡（売却・贈与）することといえます。

◆一部の譲渡の「譲渡会社側の」要件・手続等

事業の一部譲渡をする場合、その出発点において、その意思表示をする代表者自身が、このような「事業譲渡」の意味（特に、単に工場・店舗の建物や敷地を売却する場合との違い）を明確に理解していることが極めて重要です。なぜなら、事業譲渡をする場合、「このような意味での事業」の一部を売買契約や贈与契約の目的とする旨の意思表示が必要だからです。

　ア　民法上の要件を吟味すること

関係者に高齢者がいる場合や会社の運営がずさんな場合等、事業譲渡当事者双方（事業の譲渡会社と事業の譲受会社の二つの会社）について、事業譲渡の民法上の要件をチェックするだけでも相当神経を使う必要があります。

事業譲渡をする場合、会社法上の要件・手続のみならず、①売買や贈与等の契約の成立要件・有効要件（意思能力を含みます。）・法律効果、②事業を構成する財産の所有権移転の要件（事業譲渡会社が真実所有権を有していることを含みます。）・対抗要件（民177・178・467）等、民法上の要件にも留意をする必要があるからです。

　イ　役員の責任等

譲渡する事業に都市部の高額不動産が含まれている場合であるにもかかわらず、測量や鑑定もせず、税法上の評価額のみを基準に譲渡代金を決めた場合、事情によっては、後日役員の責任を問われるリスクが生じます。

さらに、日頃から株主総会を開いていない等、会社の運営がずさんな場合、当事会社の代表権すら疑義が生じている場合があります。

会社が事業譲渡の当事者となる場合、事業譲渡の有効要件として、当該事業譲渡につき各当事会社の意思を表示する者に、「契約時に真実代表権が存在していること」（会社349、民99（代理権））を十分確認することが必要となります（なお、会社法908条1項及び2項、会社法354条による救済は相応の要件があります。）。

　ウ　譲渡会社の株主総会特別決議と譲受会社の要件（事業の一部譲渡の要所）

上述の定義の「事業譲渡（事業の重要なる一部の譲渡）」をする場合、いわば事業の売買契約・贈与契約の会社法上の有効要件として、当該事業譲渡を承認する旨の譲渡会社（売主）の株主総会の特別決議（会社309②十一・467①一・三）が必要となります。

極めて重要なことですが、かかる総会の特別決議が不存在あるいは無効とされる場

合、当該事業譲渡契約は、絶対無効となります（最判昭61・9・11判時1215・125参照）。ただし、信義則上（民1②）無効主張が封じられる余地がありますが（上記最判昭61・9・11参照）、信義則による救済が認められるとは限りません。

さらに、事業の一部の譲受会社（買主）側が、取締役会設置会社で、会社法362条4項1号の「重要な財産の譲受」に該当する場合、これを承認する取締役会決議が有効に存在することが必要となり（後掲(3)参照）、そうでない場合には、定款に特段の定めがなければ（代表）取締役がこれを決することになります。

エ　事業の「重要な一部」か否かのチェック（事業の一部譲渡の難所）

上述のとおり、事業の一部譲渡をする場合、事業の譲渡会社（売主）側では、事業の「重要な」一部の譲渡に該当するか否かで要件手続が大きく異なります。

ところが、「重要な一部」に該当するか否かの基準が学説・判例上必ずしも一義的に明確ではありません。事業の「重要な一部」ではないと判断して株主総会特別決議を経なかったところ、後日裁判になり「重要な一部」であったと認定されれば、事業譲渡（売買）契約は絶対無効となって瓦解することになりかねません。

そこで、「事業の一部譲渡」をしようとする場合、事業の「重要な一部」に該当するか否かが、極めて重要な問題となります。

例えば、ある会社が二つの事業を営んでいる場合に、そのうちの一つの事業を全部譲渡した場合に、その会社は、会社全体から見れば事業の一部を譲渡していますが、当該一つの事業を基準にすると当該事業を全部譲渡しています。

この場合が事業の一部譲渡であるか全部譲渡であるかについては争いがあり、この点について裁判所との間で見解の相違が生じると、当該事業の売買契約が無効になるリスクがあります。

この点について、有価証券の取引等の規制に関する内閣府令49条1項8号を参照し、通常、譲渡する事業の価値が、事業全体の価値の10％を超えなければ、「重要な一部」とはされないという見解が有力です（江頭憲治郎『株式会社法［第8版］』1011頁以下（有斐閣、2021））。

譲渡する事業の価値が事業全体の価値の10％を超える場合には、当該事業の量的重要性と質的重要性とを総合考慮した判断となり、「重要な一部」か否かを断言できない場合も生じます。

縮小しようとしている事業が、事業の重要な一部に該当することが明白な場合には事業の一部譲渡を検討し、疑義がある場合には会社分割等他の手段を検討することに

なると思われます。

　オ　反対株主の株式買取請求権への対応（事業の一部譲渡の難所）

　　a　事業譲渡における株式買取請求権によるリスク

　株式買取請求権への対応は、「事業譲渡の難所」の一つであり、株式買取請求への対応に相当の困難・リスクが予想される場合には、事業の一部譲渡（全部譲渡も同様）という手段を採用することはできず、単なる営業用財産譲渡等他の手段を検討するべきことになります。

　例えば、会社側が会社に有利な事実（最も株価が安くなる税法上の株価算定方法）を中心に説明し、後述のように会社運営がずさんで役員に対する損害賠償債権が会社に積み上がっている等「会社に不利な重要事実」を隠して交渉すれば、法的知識が乏しい株主が交渉相手であれば、株式買取交渉はスムーズにまとまるかも知れません。しかしながら、弁護士・税理士は、弁護士法・税理士法・信義則に違反するような交渉に関与することはできません。

　他方、会社（経営陣）に不利・株主に有利な事項を含め全ての事実を開示して交渉すれば、経営危機にある会社としては買取資金が不足し、あるいは（株式買取請求だけではなく役員や支配株主の責任追求を含めて）即刻裁判になるリスクが高まる場合もあり得ます。

　そこで、信義誠実の原則（民1②）に従い、裁判にならず、公正・公平・円満に株式買取請求に対処できるか否かが、事業の一部譲渡の手続の難所となるのです。

　すなわち、経営危機にある会社の損益計算書・貸借対照表によれば、買い取るべき株式の価格が低廉であると見込まれる場合であったとしても、長年にわたる放漫経営・公私混同の末、会社の役員らに対する損害賠償請求権等（会社423①③・120③④）が、「少数株主には未発覚のまま」、数億円・十数億円単位で積み上がっている場合があり、そのことが、総勘定元帳を一瞥すれば会計の素人（弁護士）にも、税理士又はその職員の方にも明白である場合もあります。

　それにもかかわらず、「未発覚の」損害賠償債権を隠匿したまま株式買取交渉をすれば、詐欺（刑246②）に該当しかねず、反対株主から詐欺の刑事告訴に加えて巨額の損害賠償請求（代表訴訟ないし会社法429条）をされる返り討ちに遭いかねません。

　　b　反対株主の株式買取請求の概要と対応の負担

　事業全部の譲渡会社の株主・事業全部の譲受会社の株主で、事業譲渡に反対の株主は、自己の会社に対し、会社法所定の要件・手続・法律効果（会社469・470）の下、自己の有する株式を公正な価格で買い取ることを請求することができます。

　そこで、事業の全部譲渡に反対の株主がいる場合、①当該事業自体の価値の算定（営業権を含む事業の価値の算定）に加え、②事業譲渡に反対する株主の株価を算定して、③株式買取資金を準備する必要性が生じ、④株価算定に争いが生じると、弁護士費用・鑑定費用等も必要となります。

　なお、これに役員の責任を追求する訴えが加われば、弁護士費用はより高額になり、損害賠償の訴訟リスクは場合により巨額なものになります。

＜参　考＞

〇会社法

（株式の価格の決定等）

第470条　①　〔略〕

2　株式の価格の決定について、効力発生日から30日以内に協議が調わないときは、株主又は前項の株式会社は、その期間の満了の日後30日以内に、裁判所に対し、価格の決定の申立てをすることができる。

3〜7　〔略〕

---

　　c　会社法上のその他の要件・手続に注意

　事業の一部譲渡に限らず他の手段を吟味する場合にも、当該株式会社の組織形態、役員・株主の構成により、取締役会決議（会社362④一等）、特に、利益相反取引（会社356①二・三・365）の要件、利益供与（会社120）に該当しないこと等、会社法全体に目を配り、当該事業譲渡に要する会社法上の要件・手続を全部履践することに留意が必要です。

　利益相反取引の一例を挙げれば、会社の役員が、会社が締結する契約（売買・贈与・業務委託等）の相手方当事者として、又は会社が締結する相手方当事者（関連会社）の代表者代理人として、会社と契約を締結する（会社の役員が会社と売買契約等を締結する）ような場合（会社法356条1項2号の直接取引の具体例）が典型例です。

　同族会社の中には、このような利益相反取引に該当する「会社と役員たる親族間の同族間取引」（しかも対価不均衡な利益相反取引）が多数なされているにもかかわらず、会社法の要件（「重要な事実を開示した上での」総会決議、取締役会決議等）を充足しておらず、又は会社の損害が積み上がっていることにより（会社423③参照）、潜在的に役員に莫大な損害賠償リスクが発生しているケースもあり得ます。

　さらに、同族間で株式を持ち合い、会社と役員たる株主間で対価不均衡の取引（売

買・贈与・業務委託等）をすれば、役員のみならず株主までもが、利益供与違反（会社120①）として厳格な責任を追求されるリスクが高まります（会社120②参照、なお同条③④）。

　カ　事業の一部譲渡の民法上の効果と注意点

　事業の一部譲渡（全部譲渡も同様）の民法上の効果として、譲渡した当該一部の事業について、①売買や贈与等契約所定の債権債務が発生し、②契約時又は約定の時期（事業譲渡契約に定めた効力発生日）に所有権等財産権の移転の効果が生じます。

　平成29年法律44号改正民法の契約不適合責任（民562）は、改正前の瑕疵担保責任に比し、会社が中古の建物・機械・権利を売却する場合、売主の責任を厳格化するものです。不動産業界含め危機感（訴訟リスクへの対処）が乏しいかも知れませんが、事業譲渡を含め、物を売却する場合には、売主自身及びこれに助言する税理士・弁護士は、この点にくれぐれも注意をする必要があります。

　ところで、事業の一部譲渡（全部譲渡も同様）は、前述のとおり、「営業活動の承継」を伴う手段ですから、通常、営業活動の担い手である従業員の承継（事業譲受会社への転籍）を前提とします。

　そして、事業譲渡に伴い、従業員を譲受会社（買主会社）に転籍させるには、その事業譲渡で転籍する旨の、従業員の同意が必要となります（民625①参照）。

　事業譲渡会社と譲受会社は、原則として、転籍させたい従業員のみを選択して転籍させる合意をすることができますが、特に事業譲渡会社が経営危機の場合、公序良俗違反（民90）を理由とする「例外」（東京高判平17・5・31労判898・16（勝英自動車学校事件）参照）等の訴訟リスクに、十分注意する必要があります。

　なお、事業の譲渡会社に残存した従業員を解雇するには、労働法上の整理解雇の要件（①経営上の必要、②解雇回避努力、③解雇者選定基準の合理性、④従業員・労働組合に対する説明と協議）を具備する必要があります。

　ただ、危機にある事業譲渡会社が解散する場合、会社清算の必要上、従業員の解雇は、原則として有効と解されていますが、法人格否認の法理の適用等との関係で訴訟リスク（大阪高判平・19・10・26労判975・50（第一交通産業ほか事件）参照）が及ばないよう注意をすることが極めて重要です。

　解雇の場合に限らず、特に会社の経営危機の際に事業譲渡に伴う従業員対応をする場合、訴訟リスクを避けるためには、「事前に」弁護士に相談するなどして十分に慎重を期することが重要であり、できる限り従業員の納得と同意を得てするのが望ましいといえます。

(2)　子会社株式の譲渡 ■■■■■■■■■■■■■■■■■■■■■■■■■■■

◆事業譲渡に準じた実益

　子会社株式を譲渡（売却等）する場合、子会社の運営がずさんであれば、子会社の役員（会社423①③）や株主（会社120）が思わぬ責任を負うリスクがあります。それに加え、子会社株式の譲渡について、前述の事業譲渡に類する規制が及ぶ可能性があることは、盲点となりがちであり、重々注意が必要です。しかも、子会社に該当するか否かの規定自体、相当複雑なものとなっており、子会社に該当することに気付かないリスクもあります（会社2三、会社規3参照）。

　それでも、会社の経営危機において、子会社株式譲渡は、上述の事業譲渡と同様のメリット・実益があります。

◆子会社株式譲渡特有の留意点

　ア　事業の重要な一部の譲渡に準じた規制

　親会社が子会社を用いて利益を得るのは、親会社全体から見れば、親会社の営業活動の一部であり、子会社株式の譲渡は、事業の一部譲渡と同様の機能を持ちます。

　そこで、親会社が子会社株式を譲渡するには、会社法所定の要件（会社467①二の二）の下、事業の重要な一部の譲渡と同様、株主総会の特別決議（会社309）等の要件が必要となります。

　また、子会社株式譲渡の場合、事業の重要な一部の譲渡と同様、反対株主の株式買取請求求権が認められていることに注意が必要です（会社469①～⑥）。

　イ　子会社株式の評価の負担

　事業譲渡（売却）の場合には、役員等は、その善管注意義務の内実として、当該事業を構成する財産と営業権の価格を合理的に評価すれば足りますが、子会社株式の売却においては、その相当な株価を合理的に判断する必要があります。

(3)　単なる営業用財産譲渡（土地・建物・借地権・機械等の売却）■■■■■

　経営危機における単なる営業用財産譲渡とは、要するに、経営危機に陥った会社が、事業譲渡には該当しないことを前提に、単に建物や敷地、機械類を売却することですが、以下の会社法上の要件・会社法的訴訟リスクは決して侮ることはできず、単なる不動産売買だと油断すると思わぬトラブルが生じます。

◆単なる営業用財産譲渡とは

　単なる営業用財産譲渡とは、単なる営業用財産（土地・建物・借地権・機械・自動車・備品等）の譲渡（売却）であり、事業譲渡に（勿論会社分割にも）該当しない場合です。

◆単なる営業用財産譲渡を採用する意義

　経営危機に陥った会社の中には、会社の帳簿上株価は低廉であったとしても、経営危機に陥った会社の運営がずさんで、あるいは公私混同が甚だしく、会社の役員に対する損害賠償債権（一種の会社財産）が積み上がっているケースがあり、これを含めると株価が高額になるケースがあります。

　このようなケースでは、株式買取請求に対応しなければならない手段（事業譲渡、会社分割、合併等）を使うことは、法的に又は事実上困難を伴います。

　税理士（税理士の職員を含みます。）や弁護士が、上記ケースであることに気付いているのにこれを秘し、株式買取交渉をすることは極めて問題があります。

　これに対し、単なる営業用財産譲渡をする場合、反対株主の株式買取請求に対応（交渉や裁判）する必要はなく、株主総会の特別決議を経る必要もありません。これが、経営危機の際の事業体制の変動の際（特に会社の運営がずさんな場合）において、あるいは経営危機に限らず事業承継一般において、単なる営業用財産譲渡をする実益です。そして、会社の経営危機の際には、上述のケースに出会う確率が高くなると想定されます。

　そこで、単なる営業用財産を譲渡（売却）する場合、会社の経営危機において時間的余裕が乏しい中で、財産評価の面では、売却する土地・建物・借地権・機械等の相当時価の算定に集中することができ、法律面では、重要財産処分・譲受の要件手続、（隠れた）利益相反取引・（隠れた）利益供与のリスクが潜んでいないかのチェック等に集中することができます。

◆典型的ケースの紹介

① 事業（営業）に魅力がなく、事業としては買い手が付かないことから、会社が、土地・建物、機械類等、単なる営業用財産のみを売却・換金し、売却代金を賃金の支払・債権者への支払等に充てるケース

② 事業譲渡や会社分割をしたくとも、例えば高齢の支配株主が認知症となった等の理由により株主総会の特別決議を経るのが困難であり、あるいは、反対株主の株式買取請求に対応する時間・費用がないため、事業譲渡や会社分割をすることが著しく困難である場合に、単なる営業用財産のみを売却・換金し、売却代金を賃金の支払・債権者への支払等に充てるケース

◆単なる営業用財産譲渡と事業譲渡との区分

　前述の株式買取請求リスク等を考慮して事業譲渡や会社分割を避けて単なる営業用財産譲渡を選択するケースでは勿論のこと、税理士・弁護士が会社の経営危機に際し単に会社所有の土地建物を売却することを相談された場合にも、単なる営業用財産譲渡のつもりが事業譲渡と認定されかねないリスクに注意する必要があります（特に店舗用不動産の場合）。

　会社の経営危機・事業縮小の局面で、会社が会社所有の建物（例えば鉄板焼き店）のみを「（鉄板焼き店の）現状のまま」、他人（純然たる第三者、元従業員、元役員、親族）に売却し、買主が「その建物（鉄板焼き店の現状のままの建物）」を利用して、同種営業（鉄板焼き店、お好み焼き店、定食屋）を行った場合、売買契約の当事者としては、単に「建物一棟」を売買する意思であったとしても、外形から客観的に観察すると、前記(1)（「◆経営者に必要な事業譲渡の理解」イ）を満たすように見えてしまいます。

　単なる「店舗敷地の不動産売買契約」のつもりが、後日、相続争いや税務調査等をきっかけとして真実は事業譲渡ではなかったかが争われ、裁判所等によって事業譲渡であると認定される場合があります。この場合、単なる営業用不動産の売買をするつもりで株主総会特別決議を経ていなかったとすれば、（既に高額の代金支払済みで移転登記を完了していたとしても）当該売買契約は絶対無効となります（ただし、信義則による救済の余地はあります。）。

　このようなリスクを避けるためには、特に会社役員やオーナーの親族、従業員に当該営業用財産を売却する場合、①一旦廃業し相当期間経過後当該営業用財産を売却する、②類似商号や類似店舗名を続用しない、③顧客名簿や顧客情報が入ったパソコンを譲渡しない、④買主が売主と同じ電話番号やホームページを使わない等々、その状況に応じ事業譲渡規制の潜脱と疑われないよう、できる限りの策を講じる必要があります。

◆単なる営業用財産譲渡の主要な要件・手続等

　税理士（税理士の職員を含みます。）あるいは不動産事業者が、単に会社所有の不動産を売却することに関与する場合、会社法の要件の検討を失念すると、決済を終えた後になって不動産売買が瓦解する重大事態を招くリスクがあります。

　さらに言えば、例えば、売主から依頼・相談された税理士・弁護士であっても、売主側・買主側双方について、民法上の要件と会社法上の要件の双方を有効に具備していることを確認する必要があり、経営危機の時間の余裕のない中で、これらを適時・

適切に確認することは、相当な負担となります。

　ただし、事業譲渡や会社分割と比べれば、一般に手続は簡易といえます。

　また、会社が単なる営業用財産を譲渡する場合、会社法上の要件・手続のみならず、売買や贈与等の契約の成立要件・有効要件・法律効果、所有権移転の要件・対抗要件などの民法上の要件にも留意をする必要があります。

　売買契約の当事会社の役員等が、土地や建物の売買代金について、その合理性判断に必要な情報収集を怠り、又は、著しく不合理な対価を定めた場合、役員等に損害賠償のリスクが生じます。

　この場合、当該売買につき各当事会社の意思を表示する者に、契約時に（単に登記されているだけではなく真実の）代表権（会社349）・代理権（民99）が存在することが必要となります。

　後述するとおり、当該売買契約が、会社法362条4項1号の「重要な財産」の処分又は譲受に該当するか否かで、売買契約の会社法上の処理（広い意味での有効要件）が異なることになります。

　同号の「重要な財産」に該当するか否かは、当該財産の①価額、②総資産に占める割合、③保有目的、④従来の取扱い等を総合考慮して、その決定を必ず取締役会決議に留保するべきか、という観点から決せられます。

　例えば、数億円の不動産を売却する場合であっても、当該不動産について、大手不動産会社が棚卸し資産として販売目的で保有している場合には「重要な財産」とされないケースが多いのに対し、メーカーが主力工場の敷地として保有している場合には「重要な財産」とされるケースが多いと思われます（最終的には上記判断要素を総合考慮して慎重に決します。）。

　この場合、その営業用財産の売買が、その売主にとって「会社法362条4項1号」の「重要な財産」の「処分」に該当しない場合、その買主にとって「重要な財産」の「譲受」に該当しない場合、定款等に特段の定めがない限り、代表取締役が当該売買契約の意思決定をし、代表すれば足ります。

＜参　考＞

〇会社法

（取締役会の権限等）

第362条　取締役会は、すべての取締役で組織する。

2・3〔略〕

> 4　取締役会は、次に掲げる事項その他の重要な業務執行の決定を取締役に委任することができない。
> 一　重要な財産の処分及び譲受け
> 二〜七　〔略〕
> 5　〔略〕

◆会社法362条4項1号の「重要な財産」の売買に該当する場合

取締役会設置会社では、以下に述べる要件を充足する必要があります。

なお、取締役会非設置会社は、会社法348条1項2項及び3項の反対解釈により、定款等に特段の定めがない限り、取締役が売買契約の意思決定をすることになります。

売買契約の「広い意味での」会社法上の有効要件として、当該売買を承認する旨の売主会社の取締役会の決議が「真実」有効に存在することが必要になります（議事録を作成するのみでは足りません。）。

この場合、訴訟リスク・トラブルを避けるには、会社法362条4項1号の「重要な財産」に該当する場合の要件を充足しておくことが必要になります。

また、売買の目的物が「重要な財産の処分又は譲受」に該当するのに、これを承認する取締役会決議が不存在又は最終的に無効とされた場合、当該営業用財産の売買契約が無効になるか否かという問題があります。

この点について、判例は、①原則として、成立した契約は有効であるとしつつ、②例外として、相手方当事者（重要な財産の処分又は譲受を承認する取締役会決議を経なかった会社の相手方当事会社）の代表者等が、「当該売買が重要な財産の処分・譲受に該当する」にもかかわらず「有効な取締役会決議が存在しないこと」について、契約時に、悪意（知っていた）又は「軽」過失（知らないことに軽過失）の場合には、当該売買契約は無効となるとしております（最判昭40・9・22民集19・6・1656参照、民93①ただし書類推）。

会社法上は、「重過失」があってはじめて法律行為が無効となる解釈が多い中で、上記判例は、重要財産処分・譲受については、取締役会決議を欠く場合、上記の「軽」過失があったに過ぎない場合にまで当該売買契約は無効となる（民93①ただし書類推）と解釈していることに注意を払う必要があります。

これは、何億円もの不動産の売買代金と移転登記を引換えに決済を完了しても、上述の軽過失があったに過ぎない場合に、会社から無効を主張され、売買契約が瓦解し

契約関係が巻き戻されるリスクがあることを意味します。

　なお、上記無効は、原則として（上記取締役会決議を欠いた）会社のみが主張できると解されています（最判平21・4・17民集63・4・535）。

(4)　資本減少 ■■■■■■■■■■■■■■■■■■■■■■■■■■■■■■■

　資本減少については、株式集約の必要があるケースや資本金額次第で実益を持つ場合があります。少なくとも税理士・弁護士の説明責任として、資本減少は、会社が経営危機に陥った場合の対応マニュアルとして、頭に入れるべき事項であるといえます。

◆資本減少制度の概要

　資本減少とは、株式会社の資本の額を減少させることであり、①会社財産の一部を株主に返還してする実質的な減資と、②資本の欠損が生じている会社が会社財産を返還せず単に資本の額だけ減少させる形式的な減資があります。

　資本減少をするには、①原則として株主総会の特別決議（会社447・309②九）、②債権者保護手続（会社449）（公告や債権者が異議を述べ得る期間の設定に注意してください。）、③資本減少の登記（会社911③五・915）が必要になります。

◆会社の危機時期における資本減少の利害得失

　ア　減資のメリット

　資本金が1億円を超える会社が資本金1億円以下になるように資本を減少すると、税法上の大企業から中小企業になり、中小企業の軽減税率（法税66②）などの節税のメリットが得られる場合があります。

　また、会社の経営危機を脱するための株式譲渡の前提として、株式を集約するために「自己株式の取得」をしようとする場合、資本を減少すると、「分配可能額の限度」のハードルが下がるメリットが想定されます（会社446一イ・461②一参照）。

　イ　減資のデメリット

　以上のような特段の具体的なメリットが想定されないなら、資本減少の要件は上記のとおり厳格で手数を要し、資本金の減少が登記される以上（会社911③五・915）、（特に会社の信用が揺らいでいる）会社の危機時期に敢えて資本減少するべき事例は多くはないと思われます。

　ただ、前述のとおり、資本減少が実益を持つ場合もあり、経営危機に陥った会社の対処のマニュアルとしては、当然頭に入れておくべき手法です。

3 会社組織の再編

（1）　対価を金銭とする吸収分割 ■■■■■■■■■■■■■■■■■■■

◆対価を金銭とする吸収分割の得失

　会社の経営の危機時期には、会社の事業全体のうち「優良な事業のみ」（事業の一部のみ）を買いたいというニーズが高まります。

　ところが、前述のとおり、事業の一部譲渡と事業の全部譲渡で相当要件・手続が異なるにもかかわらず、事業の一部譲渡か事業の全部譲渡かの区別が曖昧なケースがあり、裁判所との見解の相違が生じると事業の売買契約が無効となり、危機にある会社に甚大なる損害が生じかねません。

　「事業の重要な一部の譲渡」の不明確性は、あまり意識・周知されておらず、税理士や弁護士が、難しいからといって会社分割を嫌って安易に事業の重要な一部譲渡を選択すれば、前述の訴訟リスクが発生する事例もあり得ます。

◆会社分割のメリット

　「事業の重要な一部の譲渡」の不明確性を解消する手法の一つに会社分割があります。会社分割の目的物は、その事業に関する権利義務の「全部又は一部」であり、会社分割は、事業譲渡とは異なり、会社から切り出したい部門が事業の一部か全部かが判然としないケースにも使うことができます。

　また、対価を金銭とする吸収分割の場合には、事業譲渡（事業の売買）と同様、分割会社（既存会社）は、会社分割の対価として金銭を得て、これを債権者や従業員への支払に充てることができ、事業売買と同様の機能を果たすことができます。

◆会社分割の定義

　会社分割とは、ある会社（分割会社）が、その事業に関する権利義務の全部又は一部を、他の会社（承継会社）に承継させる組織法上の行為をいいます。

　さらに、吸収分割とは、ある会社（分割会社）が、その事業に関する権利義務の全部又は一部を、既存の当事者会社（承継会社）に承継させる組織法上の行為をいいます（会社2二十九）。

　これに対し、新設分割とは、ある会社（分割会社）が、その事業に関する権利義務の全部又は一部を、会社分割により新たに設立する会社（設立会社）に承継させる組

織法上の行為をいいます（会社2三十）。

◆会社分割と単なる売買契約との差異

　会社分割をするには、代表者を含む役員や株主が「会社分割」の何たるかを明確に理解していることが出発点となり、税理士や弁護士が関与する場合には、その概要の説明をすることが会社分割の出発点となります。

　会社分割の利害得失を合併や事業譲渡と比較して理解することも重要ですが、次に説明するとおり、会社分割を「単に物を売る売買契約」と比較すると、会社分割のポイントを端的に理解することができます。

　単なる営業用財産の売買契約では、①売買の目的物は不動産、機械等の物や特許等であり、②その対価は金銭です。

　有償の事業譲渡とは「事業」を売却することですから、有償事業譲渡の場合、①売買の目的物は「事業」、即ち、ある営業をするための財産一式プラスα（顧客、営業活動の承継等）であり、②その対価は金銭です。

　これに対し、会社分割では、会社法上、会社分割により承継される財産は、「その事業に関する権利義務の全部又は一部」とされています。

　これを売買契約と比較して理解をすれば、会社分割の場合、①目的物は、事業（ある営業をするための財産一式プラス顧客・営業活動の承継等）の全部でも一部でもよく、あるいは事業ならざる単なる営業用財産でもよく、②その対価は、後述のとおり、吸収分割では金銭でも承継会社の株式でもよく、新設分割では設立会社の株式に限ります。

◆吸収分割の主要な要件・手続

　吸収分割に限らず、会社分割は登記事項であり、下記の要件・手続は、法務局が受理可能な形式・内容でする必要があります。

　そこで、吸収分割に限らず会社分割をする判断が固まった場合、早めに登記の専門家である司法書士に依頼し、会社分割の要件手続の形式・内容についても依頼し又はその助言を得て、弁護士は訴訟リスク排除、税理士は税務面の検討に集中します。

　ア　吸収分割契約と売買契約との異同

　吸収分割とは、その事業に関する権利義務の全部又は一部を承継させる（会社2二十九）、「組織法上の行為（会社組織を変動させる法律行為）」であり、法形式上は、売買契約等の取引行為とは異なる会社法独自の法律行為とされています。また、売買契約

は不要式契約（口頭でも書面でも意思表示の形式を問わない）であるのに対し、会社分割（吸収分割）は要式契約（法定の要式を整えることも意思表示の要件となる契約）です（会社757・758）。

　ただ、特に対価を金銭とする吸収分割は、承継する目的財産が事業でも単なる営業用財産でもよく、対価が金銭ですから、その経済的機能は、事業の売買や単なる営業用財産の売買と接近します。

　注意点として、吸収分割の目的財産は事業の全部でも一部でもよく、単なる営業用財産でもよいことから、吸収分割により承継される物・権利・法律関係（雇用契約、賃貸借契約等）の範囲を明瞭に合意することが肝要になります。

　イ　吸収分割の対価の合理性を考える

　吸収分割の対価は、金銭でもよく承継会社の株式でもよいとされていますが、特に会社の経営危機の際には、事業縮小についての債権者の承諾を得るため、あるいは従業員の賃金の支払に充てるため、吸収分割の対価を金銭とし、会社分割の対価として得た金銭の全部又は一部を債権者・労働者に弁済する必要が生じるケースが想定されます。

　前述の事業譲渡の場合と同様、会社分割の当事会社の取締役等が、吸収分割の対価の合理性について、その判断に必要な情報収集を怠り、又は著しく不合理な対価を定めた場合、損害賠償のリスクがあるので注意が必要です。

　ウ　その他の法定記載事項の検討

　会社分割は要式契約であり、吸収分割契約のその他の法定記載事項をもれなく記載する必要があります（会社758）。

　吸収分割の有効要件として、当該事業譲渡につき各当事会社の意思を表示する者に、契約時に真実代表権（会社349）・代理権（民99）が存在することが必要です。単に代表権の登記があることで足りるものではありません。

　さらに、吸収分割の要件として、原則として効力発生日の前日までに、吸収分割を承認する旨の、吸収分割当事会社双方の株主総会の特別決議（会社783・795）が有効に存在すること（さらに言えば裁判になった場合にその旨証明できること）が必要になります。単にその旨の議事録があれば足りるものではないことに注意が必要です。

　そして、株主総会の特別決議を要する場合、①当該株主総会で議決権を行使し得る株主の議決権の過半数を有する株主が出席し（ただし3分の1以上の割合を定款で定めた場合は、その割合以上）、②出席株主の議決権の3分の2以上の承認が必要（ただしこれを上回る割合を定款で定めた場合は、その割合以上）になります（会社309②十二）。

　そこで、例えば、支配株主の認知症・反対株主の存在により、吸収分割当事会社の双方で上記特別決議を得られる確たる見込みがなければ、会社の経営危機に対応する手段として、会社分割を用いることはできず他の手段を検討するべきことになります。

　また、その他の手続で重要なものとして、事前の情報開示（会社782・794）、事後の情報開示（会社791・801）、吸収分割の登記（会社923）を挙げることができます。

◆労働者保護手続

　労働者保護手続は、事業譲渡と比較した場合の、会社分割のメリットの一つとされます（特に比較的従業員数が多い会社の場合）。

　会社分割により「承継される事業」の労働者の労働契約は原則として承継されます。会社が承継を望まなくとも労働者が移籍を望めば承継されることになっています（労働契約承継4）。

　逆に労働者が移籍を望まなくとも会社が承継を望めば承継されます（労働契約承継3）。さらに、会社が残留を望み、労働者も残留を望めば承継されません。

　これに対し、会社分割により「承継されない事業」の労働者の労働契約は原則として承継されません。会社が承継を望んでも労働者が残留を望めば承継されないことになります（労働契約承継5）。さらに、労働者が移籍を望んでも会社が残留を望めば承継されません。ただし、会社が承継を望み労働者も移籍を望めば承継されます。

　この場合、上記「承継される事業の労働者」か否かの判定は、原則として、吸収分割契約時（新設分割計画作成時）を基準とすることに注意が必要です（労働契約承継規2）。

　したがって、分割会社は、当該分割に当たり、労働者の理解と協力を得るよう努めなければなりません（労働契約承継7）。

◆会社分割当事会社の債権者保護手続

　吸収分割後、吸収分割会社に「請求できなくなる」分割会社の債権者（会社789）と、承継会社の債権者（会社799）は、会社分割に異議を述べることができます。

　官報公告をし、知れている債権者に通知・催告（会社分割する旨、当事者会社とその計算書類、異議の催告等）の上、法定期間内に異議を述べた債権者に対し、原則として弁済又は担保提供等をする必要があり、当該「債権者を害するおそれがない場合」には例外となります。会社が例外の適用を欲する場合、例外の適否が争点となります。

◆吸収分割（会社分割）の効果

　法律行為としての意思表示とは、「一定の法律上の効果が発生することを欲する意思（内心的効果意思）」を外部に表示する行為（表示行為）であり、会社分割において有効な意思表示があったといえるためには、代表者自身について、会社分割の効果を欲する意思が必要となります。

　その意思表示を反映した吸収分割契約により、承継会社は、所定の効力発生日に（会社758七・760六）、吸収分割契約の定めに従い、分割会社の権利義務を承継します。

　適法な会社分割により、分割契約・分割契約の目的たる権利義務（労働契約上の義務も含みます。）は、法律上当然に一括して（包括的に）移転します。

　ただし、取引安全との調和の観点から、その包括承継は、不動産取引の安全等から登記が対抗要件になるなど、吸収分割は、事業譲渡・営業用財産の売買と類似します。この包括承継こそが、合併と異なる会社分割の法律効果の一つの特徴なのです。

　そして、会社分割に反対の株主は、法定の要件の下、分割会社の株主は分割会社に、承継会社の株主は承継会社に、自己の有する株式を公正な価格で買い取ることを請求できます（分割会社：会社785・786、承継会社：会社797・798）。

(2)　対価を株式とする吸収分割 ■

　対価を株式とする吸収分割については、次に述べるとおり、不採算部門を切り出すケースに実益があると考えられます。

　以下の事項以外は、対価を金銭とする吸収分割と同様となります。

◆「対価を株式とする」吸収分割の実益

　「対価を株式とする」吸収分割をした場合、分割会社は、経営危機であるのに会社分割の対価たる金銭を得ることはできません。そうすると、経営危機にある会社が「対価を株式とする」吸収分割をするには、会社が金銭を得ることができなくとも、債権者（銀行等）の承諾が得られる場合でなくてはなりません。

　他方、会社分割の対価として金銭を払わなくて済むなら、承継会社は、不採算部門を承継したとしても、自社事業との相乗効果の観点から、採算が取れる可能性が高まります。したがって、会社の経営危機の際、「対価を株式とする」吸収分割は、会社の不採算部門に係る事業（事業に関する権利義務）を切り出す必要がある場合に実益があるといえます。

◆株式を対価とする吸収分割の要件の特徴

　吸収分割の目的財産は、事業の全部でも一部でもよく、単なる営業用財産でもよいことから、吸収分割により承継される物・権利・法律関係（雇用契約、賃貸借契約等）を明瞭に合意することが肝要になります。そして、吸収分割の対価は、金銭でも承継会社の株式でもよく、承継会社の株式を対価とする場合には、吸収分割契約において、吸収分割の対価として分割会社（既存会社）が取得する承継会社の株式の種類・数等を規定します。

　法的なリスクとしては、会社分割の当事会社の取締役等が、吸収分割の対価たる「承継会社の株式の種類・数（株式の価値）の合理性」について、その判断に必要な情報収集を怠り、又は、著しく不合理な判断をした場合、損害賠償のリスクがあります。

(3)　新設分割　■■■■■■■■■■■■■■■■■■■■■■■■■■■■

　新設分割は、後述するように、会社の経営危機においてある程度の規模の中堅企業を用いる場合には事業の一部譲渡と比較して便利な方法であり、経営危機に陥った会社の既存株式を譲渡する方法と比較して安全な方法であるといえます。

◆会社の経営危機と新設分割の機能・実益

　ア　事業の一部譲渡等との比較

　事業の一部譲渡の場合、前記のとおり、事業の一部か全部か、事業の重要な一部か否かが微妙な場合に重大なリスクを伴います。

　とりわけ、従業員数が多い会社では、事業の一部譲渡を用いる場合、労働者保護手続のある株式分割よりも従業員の転籍に手数と時間を要します。

　また、会社の株式を売却する方法は、会社の経営にずさんな部分があった場合、株式売主や譲渡会社の役員に会社法120条違反や損害賠償等の訴訟リスクが残るケースがあります。

　また、経営危機にある会社の株式の買主にとっても、当該会社の簿外債務のリスク・心配が残るケースがあります。

　イ　経営危機にある会社の新設分割の実益

　経営危機に陥った会社が新設分割の方法で会社を設立し、その新たな（従前の株主・役員にとって訴訟リスクのない安全な）会社（設立会社）に対し、従前の分割会社の優良部門の事業を切り出し、従業員転籍まで完了させます。

　その後、従前の分割会社ないしその株主（後記 4 (2)の人的分割の場合）が、新設分割で取得した設立会社の株式を他人（純然たる第三者、元従業員役員、親族）に売却すれば、経営危機にある会社の既存株式自体を売買する場合と比して、①株式の売主にとっては訴訟リスク等の面で安心であり、②株式の買主にとっては簿外債務等のリスクが少なく、従業員の転籍に伴う煩瑣・困難もないというメリットがあります。

　ウ　新設分割のデメリット・弱点とその回避

　経営危機に陥った会社は、事業譲渡や対価を金銭とする吸収分割をする場合とは異なり、新設分割によっては、新設分割自体の効果として、直接金銭を得ることはできません。もっとも、分割会社は、新設分割により取得した真新しい安全な設立会社の株式を売却して金銭を得ることができますので、新設分割について、この点も含めてあらかじめ債権者（銀行等）の納得を得て進める方法が有効です。

　エ　新設分割の特徴的要件・手続

　新設分割計画書には、次の内容を記載します（会社763）。

①　設立会社の設立に関し定めるべき事項

②　分割会社（既存の会社）から設立会社に承継させる、「その事業に関する権利義務の全部又は一部」として、次の内容

　㋐　資産・その他の権利

　㋑　雇用契約・賃貸借契約等の法律関係

　㋒　債務・その他の義務

　さらに、新設分割計画には、分割会社に交付される設立会社の（リスクのない安全な）「株式の数（種類）又はその数の算定方法」及び「設立株式会社の資本金及び準備金」が記載されます。

　既存の分割会社が会社分割により取得する対価（分割会社が設立会社に移転した権利等の対価）は、この設立会社の「株式」にほかなりません。

◆新設分割の効果

　設立会社は、新設分割による設立会社の設立登記の会社成立の日に（会社764①）、新設分割計画の定めに従い、分割会社（既存会社）の権利義務（労働契約上の義務を含みます。）を承継します。

　ただし、上記権利の承継の効果が発生するためには、民法上、分割会社が目的財産の所有権等の権利を有していることが前提となります。

　新設分割により、分割計画所定の会社分割の「目的たる権利義務」は、法律上当然に一括して（包括的に）移転します。

　この場合、その包括承継は、取引安全との調和の観点から、不動産取引の安全等から登記が対抗要件になります。

　民法の基本からすれば、「意思表示」とは、ある法律効果を発生させる内心的効果意思を表示させる行為である以上、新設分割に関与する弁護士・税理士は、依頼者（新設分割の意思を決定する者等）に対し、新設分割の基本的効果と包括承継であることを明確に説明・理解してもらう必要があります。

(4)　株式交換・株式移転 ■■■■■■■■■■■■■■■■■■■■■■■■■

　株式交換・株式移転は、中小企業の経営危機において実益を持つケースは多くはないと思われますが、事業の見直しを図る場合、少なくとも税理士・弁護士の説明責任として、これらを頭に入れておく必要があります。

◆株式交換・株式移転の定義

　株式交換とは、「完全子会社となる会社の発行済株式全部」を「既存の」完全親会社となる会社に取得させる契約であり（会社2三十一）、株式移転とは、完全子会社となる会社（1社でも数社でも可）の株主が保有する発行済株式全部を「新設する」完全親会社となる会社に取得させる制度をいいます（会社2三十二）。

　また、吸収分割とは、ある会社（分割会社）の「事業に関する権利義務の全部又は一部」を、「既存の」会社に承継させる契約であり、新設分割とは、ある会社（分割会社）の「事業に関する権利義務の全部又は一部」を、会社分割により「新設する」会社に承継させる制度であり、株式交換・株式移転とは、承継させる目的物が大きく異なっています。

◆株式交換の実益（事業譲渡と比較して）

　株式交換は、経営危機に陥った会社について、競争力ある「既存の」会社の完全子会社とすることにより、経営効率を向上させて危機を脱することに実益があります。

　事業譲渡により、競争力のある会社が、経営危機にある会社の事業（従業員を含みます。）を自らの会社組織に取り込んだ場合、移籍した従業員と事業譲受会社の従業員との賃金体系の調整や人間関係の調整等が必要になります。

　これに対し、株式交換は、子会社になる会社と親会社が別個の法人格を維持することから、事業譲渡のようなリスクは少ないといえます。

　ただし、事業譲渡では債務引受の約定や会社法22条1項から3項の適用等がない限り事業譲受人は通常譲渡人の債務を承継しないのに対し、株式交換においては、親会社は、(従前経営危機にあった)完全子会社の簿外債務のリスクを承継します(リスクの最大限は特段の約定ない限り子会社株式の価値の限度)。

　そこで、運営が堅実な会社を株式交換の対象とすることが肝要です。

　また、対価を株式とする吸収分割の場合、吸収分割計画に規定した範囲で、分割会社(経営危機にある会社)の権利や義務(労働契約上の義務を含みます。)が承継会社(既存会社)に包括承継されます。

　そうすると、そのままでは(労働契約を改定する合意ができない限り)、一つの会社の中に、労働条件の異なる社員が併存することとなりかねません。

　これに対し、株式交換は、経営危機にある会社が、別の既存会社の完全子会社になる効果を有するに過ぎず、このような問題を生じさせません。

◆株式移転の実益（合併や事業譲渡と比較して）

　例えば、経営危機に陥った優良な定食チェーン店が食材メーカーと合併すれば材料費の節減・材料の競争力により採算が取れるメリットが想定されますが、合併の効果が権利義務(労働法上の義務を含みます。)の包括承継であることから、そのままでは、一つの会社の中に、労働条件の異なる社員が併存することとなってしまいます。

　これに対し、上記の例において、経営危機にある会社と他の会社が株式移転を用いた場合、「新設した」一つのホールディングカンパニーの下にその両会社が完全子会社となり、合併に準じた企業統合のメリットを享受しつつ、合併の前記デメリットを回避することができます。

　ただし、株式移転の場合、事業譲渡と異なり、親会社は、(子会社株式の価値の限度で)完全子会社の簿外債務のリスクを承継することに留意が必要となります。

◆株式交換・株式移転の主たる要件・手続の概要

　株式交換の要件・手続は吸収合併・吸収分割（会社782〜792・794〜801）に、株式移転の要件・手続は新設合併・新設分割（会社803〜812・814・815）に、比較的類似しています。

(5)　合　併 ■■■■■■■■■■■■■■■■■■■■■■■■■■■■■■■■■

◆合併と税理士・弁護士の説明責任

　事業体制の検討をする場合に、合併が適当な事案は多くはないかも知れませんが、

以下のように合併が実益を持つ事例もあります。また、これに関与する税理士・弁護士等が合併の適否について全く説明しないことが、税理士・弁護士としてのリスクを生じさせるケースもあり得ます。例えば、最終的には事業譲渡や会社分割を採用する場合であっても、これと類似の機能を果たし得る合併ではなく事業譲渡をなぜ採用したのか、次に述べる合併の包括承継のリスク等、依頼者に説明できるようにしておく必要があります。

◆合併の機能と合併が実益を持つ典型事例

　合併をすると、労働契約や（簿外）債務も含め、消滅会社の一切の権利義務が法律上当然に存続会社・設立会社に承継されることになります（包括承継）。

　そこで、会社の危機時期における合併の機能・実益を発揮するのは、①簿外債務のリスクや合併後に損害賠償リスク等がない健全な会社が危機に陥り、②単独では危機を脱するのは難しいが別の会社と合併すれば採算が取れて危機を脱する場合であるといえます。

　例えば、経営危機に陥っているものの会社の運営は堅実な定食チェーン店が食材メーカーと合併すれば、材料費の節減・材料の競争力により採算が取れるケースを想定することができます。

◆合併の定義

　合併とは、2以上の会社が一つの会社に合体する「組織法上の行為（会社組織を変動させる行為であって取引行為・商売ではない）」をいいます。

　合併行為のうち、吸収合併とは、当事者会社のうち1社（存続会社）が合併後も存続し、合併することにより消滅する当事者会社（消滅会社）から権利義務の一切（事業に関する権利義務の一切を含みます。）を承継するものをいいます（会社2二十七）。

　また、新設合併とは、全ての当事者会社が合併により消滅し、それらの消滅会社の権利義務の一切（事業に関する権利義務の一切を含みます。）を、合併により新たに設立する会社（設立会社）が承継するものをいいます（会社2二十八）。

◆合併の主要な要件・手続

　合併の有効要件として、合併当事者会社全てについて、合併契約を締結する者が、合併契約当日、真実、代表権を有することが必要となります。

　合併の場合の、合併契約（会社748）に規定すべき法定事項は、①全当事者会社の表

示、②合併条件、③存続会社・新設会社の組織・体制、④合併手続の進行時期（吸収合併の効力発生日）等（会社749・753）であり、特に②合併条件は慎重に定める必要があります。

　ア　合併条件の公正と合併当事者会社の株価算定

　合併条件は、消滅会社の株主が、消滅会社の株式と引換えに交付される対価の種類・総額、割当てに関する事項（合併後の会社の持株比率）等であり、合併条件は、各当事者会社の株主にとって公平に定められる必要があります（会社749①二・753①六参照）。

　合併条件の著しい不公正があった場合、合併無効事由にならないとしても、合併差止事由や役員の損害賠償リスクの原因になりかねません。

　そこで、合併契約締結前に先立ち、合併当事者会社は、両会社の株価を正確に算定する必要があり、その前提として会社保有不動産を正確に調査してその時価を調査する必要があるため、相当の時間を要します。

　また、会社が合併をするには、各当事者会社の株主総会の特別決議（会社309②十二）によって、合併契約の承認を受ける必要があります（会社783①・795①・804①）。

　イ　反対株主の株式買取請求への対応

　合併に反対する株主の投下資本の回収を保障するため、消滅会社の反対株主等及び存続会社の反対株主は、株式買取請求権を行使することができます（吸収合併：会社785・786・797・798、新設合併：会社806・807）。

　ウ　債権者異議手続

　各当事者会社は、合併の効力発生日（新設合併においては新設会社の成立の日）より前に、債権者異議手続（会社789・799・810）を終了させなければなりません。

　エ　株式等の割当て・その他の要件

　合併をする場合、合併の手続内において、存続会社・新設会社の株式は、消滅会社の株主に割り当てられます（会社749①二以下・753①六参照）。

　そして、その他の手続で重要なものとして、事前の情報開示（会社782・794・803）、事後の情報開示（会社791・801・815）、吸収合併の登記（会社921）、新設合併の登記（会社922）を挙げることができます。

　オ　合併の効果

　吸収合併は、合併契約で定めた効力発生日（会社749①六・750①）に、新設合併は設立の登記による設立会社成立の日（会社754①）にそれぞれ効力が生じます。

　そして、存続会社又は設立会社は、簿外債務（損害賠償債務、租税債務）を含め、消滅会社の権利義務一切を包括的に承継します。

4 株式等の譲渡

　業績回復の見込みはあるが事業継続の意思を喪失した場合、以下のような方法も検討できます。

(1)　株主が保有する既存株式の譲渡 ■■■■■■■■■■■■■■■■■■

◆会社の危機時期における「既存株式譲渡」のリスク

　例えば、株式の売主に表明保証をさせた上で、株式を買った買主が、①株式取得後、売主の利益相反取引・利益供与・役員報酬等の要件充足を厳密に調査して違法を発見し、②従来の役員に損害賠償請求、③従来の株主に表明保証違反の損害賠償責任や利益供与違反の責任を追求するリスクに注意を要します。

　つまり、株式の買主のリスクは売買代金の範囲に留まりますが（株主有限責任の原則）、売主のリスクは、それに留まらない可能性があります。

　しかも会社の危機時期には、かかるリスクが高まっている可能性があります。

◆株式譲渡の重大リスクのチェックポイント

　会社の危機時期に「株式譲渡」を思い立った場合、本当にその株式を売ってよいか、損害賠償のリスクはないかを検討します。

　そのチェックポイントは、同族間の利益相反取引、顕著に対価不均衡の取引、利益供与規制違反（会社120）、実態のない役員報酬・株主総会決議なき役員退職金（その累計額）、私的経費を会社の経費としていないか（しているとすればその累計額）、支配株主が認知症なのに満場一致の総会決議がなされていないか、議事録はあっても実際株主総会が開かれた証拠がない事例が散見されないか等です。

(2)　人的分割によって得た株式の譲渡等 ■■■■■■■■■■■■■■■■

◆人的分割とは

　合併においては、消滅会社の株主には、存続会社・新設会社の株式が割り当てられ、消滅会社の株主は、合併の手続において、存続会社・新設会社の株主となります。

　これに対し、会社分割においては、法形式上は、会社分割の対価たる承継会社・設立会社の株式等は専ら分割会社が取得しその株主には割り当てられませんが、会社分割と現物配当等を組み合わせることにより、実質的に（会社分割の効力発生日に）会社分割の対価を分割会社の株主に取得させる方法があります。この方法が、人的分割（分割型分割）と呼ばれているものです。

◆人的分割の手続の注意点
　人的分割は、会社分割と現物配当等（全部取得条項付種類株式の取得対価の交付）の組合せですが、両者は会社法上全く独立しているわけではないことに注意を要します。
　具体的な手続の手順を示すと、①吸収分割契約書（会社758八）・新設分割計画書（会社763①十二）に人的分割をする旨の記載をし、②人的分割をすることをも含めて会社分割の債権者異議手続（会社789①二かっこ書・810①二かっこ書）を取らなければならない反面、③現物配当等の分配可能利益の要件は不要（会社792・812）とされています。
　以上を前提に考えると、人的分割は、経営危機の会社に分配可能利益がない場合にも用いることはできます。

◆新設分割の人的分割と株式移転のメリット・デメリット
　新設分割（新設分割の人的分割）・株式移転によって得た株式を、当該株主がその後間もなく譲渡する場合、既存の株式を譲渡する場合と比して、株式譲渡のリスクが小さいケースが多いと思われます。
　このように、経営危機に陥った顧問先会社の株主（オーナー、親会社）が、会社から切り出した部門の株式の取得を強く欲する場合には、新設分割の人的分割、株式移転が比較的無難な方法であるといえます。
　ただし、これらの手段を用いると相応の手続費用を要し、（分割会社や完全親会社について通常清算を併用せず）会社の数が増えれば諸経費も増大することがデメリットといえます。

(3)　事業の全部譲渡 ■■■■■■■■■■■■■■■■■■■■■■■■■■■■

◆会社の経営危機において事業の全部譲渡が実益を持つ場合
　中小企業の中には、例えば支配株主が重度の認知症に罹患しているケース、株主総

会を適時適切に開かず、株主総会議事録は存在しても、株主総会が無効ないし不存在と判断されかねない危うい運営をしているケースも存在します。

　そのような運営をしている会社の役員等は、会社に対し任務懈怠の損害賠償責任（会社423③）を負っており、そのような会社の株式を譲渡すれば、その後、新しい経営陣の下、会社から損害賠償責任を追求されかねません。

　なお、仮に、そのような危うい会社の株主総会議事録作成に顧問税理士やその職員が関与していれば、税理士自身も法的リスクを負いかねません。

　そこで、経営危機に陥った会社の運営がずさんな場合、株式を譲渡して対処するよりも事業譲渡の方が安全であるといえます。

　事業譲渡は、株式を譲渡する場合や合併をする場合と異なり、個別に債務引受けをし、類似商号や店舗名の続用（会社22①～③）等をしない限り、事業の買主にとって通常簿外債務のリスクはなく、従来の会社の経営にずさんな部分があっても、特段の事情のない限り、譲渡会社の役員が、事業の買主から責任を問われるリスクはありません。

　事業の全部譲渡と合併は類似の機能を持っています。合併ではなく事業の全部譲渡が実益を持つ事例を挙げると、経営危機に陥った定食チェーン店が食材メーカーと「一緒になれば」、材料費の節減・材料の競争力により採算が取れるものの、合併を適用するには、定食チェーン側の債務等の関係で不安が残るようなケースです。

◆事業の全部譲渡の要件・手続

　事業の全部譲渡の要件・手続は、おおむね上述の事業の一部譲渡と同様ですが、事業の全部譲渡の場合には、事業の譲受会社（事業の買主）についても、事業の全部譲渡を承認する株主総会の特別決議が必要となることに注意が必要です（会社309②十一・467①三）。

5　税務上の注意点の検討

（1）　経営危機の事業体制における税務上の利害得失の検討順序 ■ ■ ■ ■

　経営危機における事業体制の縮小再編のための各手段のうち、①当該ケースで要件を手堅く充足し、②リスクが少なく、③経営危機対応の手段として経済的合理性のある手段が複数ある場合に、そのことを十分確認した後で、次の段階として、④それら

複数の手段の税務上の利害得失・節税を検討することが肝要です。

　なぜならば、そのようにせず④節税から出発すれば、節税の魅力に惑わされ、①要件充足に困難を生じる手段、②損害賠償等のリスクの大きい手段を選びかねず、あるいは、③税務上、経済的合理性のない租税回避であると認定されるリスクが高まるからです。

(2)　事業譲渡に関する税法上の注意点 ■■■■■■■■■■■■■■■■

　事業譲渡の際の法人税や消費税等の税額の計算に先立ち、事業譲渡の対象財産の評価をする必要があります。

◆事業譲渡の対象財産に関する注意点

　「事業譲渡」の対象財産は、一定の営業目的のため組織化され有機的一体として機能する財産（得意先等の経済的価値のある事実関係を含みます。）であり、かかる財産が「必ず営業的活動の承継を伴った状態」（卵を産み続ける鶏の状態）で、前記判例（最判昭40・9・22民集19・6・1600参照）によればさらに「事業の譲渡会社が会社法所定の競業避止義務を負った状態」で譲渡されるところに特色があります。

　すなわち、事業譲渡の対象財産は、単に「一定営業目的のため組織化され有機的一体として機能する個々の財産価値の合計金額」のみならず、得意先との関係や継続している営業実態など（経済価値のある事実状態等）を含む点に注意を要します。

　事業譲渡の対象財産の価額の概略を示すと「事業譲渡の対象となった営業権以外の財産価額の総和＋営業権の価額」ということになります。

　「営業権」とは、当該企業の長年にわたる伝統と社会的信用、立地条件、特殊の製造技術及び特殊の取引関係の存在並びにそれらの独占性「等」を総合した、他の企業を上回る「企業収益を稼得することができる無形の財産的価値を有する事実関係」（鶏が卵を産み続ける事実関係）であると解されています（最判昭51・7・13判時831・29）。

◆事業（営業）の収益力の予測が困難である理由

　経営危機であるかどうかを問わず、同族経営の中小企業が純然たる第三者（同族でも従業員でもない純然たる第三者）に事業譲渡をする場合、顧客との信頼関係や技能・経験値を有していた社長や役員・幹部従業員等の旧オーナーの一族は会社を去り、会社の幹部は事業譲受人の関係者に入れ替わることになります。

　事業譲渡後の収益力は、事業譲受人関係者の新経営陣の手腕と創意工夫いかんによるという他はありません。

　そこで、中小企業の、特に純然たる第三者に対する事業譲渡の場合、専門家の知恵を借りたとしても、事業譲渡前の会社の収益力が事業譲渡後にどう変化するか、事業譲渡の時点で客観的に予測することは困難であるといえます。このことは、公認会計士や税理士にとっては自明なことでしょうが、特に弁護士は、この事業（営業）の収益力の評価の困難性を充分理解し、その旨を依頼者に説明しておくのが望ましいといえます。

◆税法上の「営業権」の評価

　税法上の営業権の評価について、財産評価基本通達は、以下の計算式を定めています（評基通165）。

① 　営業権の価額＝営業権の持続年数（原則として10年）に応ずる基準年利率による複利年金現価率×超過利益金額

② 　超過利益金額＝平均利益金額×0.5－標準企業者報酬額－総資産価額×0.05

　なお、医師、弁護士等のようにその者の技術、手腕又は才能等を主とする事業に係る営業権で、その事業者の死亡と共に消滅するものは、評価されません。

　ただし、事業譲受人が実際、財産評価基本通達の営業権の評価どおりの収益を得る保障はなく、事業譲渡の結果、損失を出すこともあればその逆もあり得ます。

◆平均利益金額

　財産評価基本通達によれば、上記平均利益金額とは、課税時期の属する年の「（旧経営陣が経営していた）前年以前」の3年間（法人にあっては、課税時期の「直前期末以前」3年間）における所得の金額の合計額の3分の1に相当する金額（その金額が、課税時期の属する年の前年（法人にあっては、課税時期の直前期末以前1年間）の所得の金額を超える場合には、課税時期の属する年の前年の所得の金額）とされます（評基通166）。

　そして、この場合における所得の金額は、所得税法27条2項に規定する事業所得の金額（法人にあっては、法人税法22条1項に規定する所得の金額に損金に算入された繰越欠損金の控除額を加算した金額）とし、その所得の金額の計算の基礎に次の①から③までに掲げる金額が含まれているときは、これらの金額は、いずれもなかったものとみなして計算した場合の所得の金額とされます。

① 非経常的な損益の額

② 借入金等に対する支払利子の額及び社債発行差金の償却費の額

③ 青色事業専従者給与額又は事業専従者控除額（法人にあっては、損金に算入された役員給与の額）

◆標準企業者報酬額

　財産評価基本通達によれば、上記標準企業者報酬額は、次の平均利益金額の区分に応じ、次に掲げる算式により計算した金額とされます（評基通167）。

平均利益金額の区分	標準企業者報酬額
1億円以下	平均利益金額×0.3＋1,000万円
1億円超3億円以下	平均利益金額×0.2＋2,000万円
3億円超5億円以下	平均利益金額×0.1＋5,000万円
5億円超	平均利益金額×0.05＋7,500万円

　平均利益金額が5,000万円以下の場合は、標準企業者報酬額が平均利益金額の2分の1以上の金額となります。そこで、前記算式によると、この場合、営業権の価額は算出されないことに留意が必要です。

　また、総資産価額とは、財産評価基本通達に定めるところにより評価した課税時期（法人にあっては、課税時期直前に終了した事業年度の末日とします。）における企業の総資産の価額です。ここに大きな離齬が生じると営業権の評価も異なってきますので、特に留意が必要です。

◆事業譲渡の税制の潜脱と疑われる税務リスク

　契約書の外形が単なる土地・建物の売買契約であったとしても、例えば、店舗の内装や備品を現状のまま親族や従業員に売却し、買主が従来どおりの営業をする場合、外部（税務調査官）からは営業譲渡と見えてしまいます。

　この場合に税務当局によって事業譲渡であると認定されると、営業権相当額と延滞税等について、税務リスクを負うことになります（納付するべき税金が定められた期限までに納付されない場合には、原則として法定納期限の翌日から納付する日までの日数に応じて、利息に相当する延滞税が自動的に課されます。）。

　そこで、事業譲渡の税制の潜脱をしてはならないのは勿論のこと、単なる営業用財産を譲渡する場合、そのような疑義を持たれないようにすることが必要です。

◆税法上、事業の一部譲渡に該当するか否かの判断

　事業の一部譲渡をする場合、会社法上いかなる場合に「事業の（重要な）一部の譲渡」と扱われるかの判断が容易でないことは前述しましたが、税法上もいかなる場合に「事業の一部譲渡」と扱われるか（事業の一部譲渡と単なる営業用財産譲渡との区別）どうかの判断は必ずしも容易ではありません。

　国税庁ホームページには、印紙税に関して以下のような照会と回答が掲載されています（国税庁質疑応答事例「営業の譲渡の意義」）。

【照会要旨】

　第1号の1文書に該当する「営業の譲渡」には、例えば、営業活動中の一部門を譲渡する場合も含まれるのでしょうか。

【回答要旨】

　営業という語は二つの意味に用いられます。一つは継続的、集団的に同種の営利行為を行うこと、すなわち営業活動を意味し（主観的な意味の営業）、もう一つは特定の目的に供される総括的な財産的組織体、すなわち企業組織体を意味します（客観的な意味の営業）。ここにいう営業は後者であり、課税物件表第17号の非課税物件欄に規定する営業は前者です。

　営業の譲渡の場合の営業とは、このような財産的組織体、いわゆる営業活動を構成している動産、不動産、債権、債務等を包括した一体的な権利、財産としてとらえられるものをいいますので、営業活動における一部門であっても、財産的組織体として譲渡する限りにおいては、営業の譲渡に含まれます。

　営業譲渡契約書の記載金額は、その組織体を構成している動産、不動産の個々の金額（又はその合計額）をいうのではなく、その組織体を譲渡することについて対価として支払われるべき金額をいいます（基通別表第一第1号の1文書の22）。

　これは、事業譲渡の定義と同趣旨をいうものと解することもできますが、「包括した一体的権利」、「営業活動を構成している」といっても、事業の一部だけを譲渡している場合には、単なる営業用財産の一部（土地・建物・機械等の一部）を譲渡する場合との区別の判断は微妙なものになります。

　いずれにせよ、上記判断が微妙な場合には、税法上のリスクがない安全策でいくのか否か、税務署の見解も確認しつつ、依頼者に説明し合意を得る必要があります。

(3)　非適格会社分割の税務リスク ■■■■■■■■■■■■■■■■■

◆非適格会社分割の法人税リスク

　非適格会社分割により事業の一部を分社化して切り出した場合、「切り出した段階

で」、事業譲渡に準じて「営業権」の部分も含め、分割会社（従来の会社）の法人税の負担を考慮する必要があります。

　特に会社の優良部門を切り出す場合には、「営業権」の評価が高額になる可能性があり、所得が発生する場合があります。

　事業の一部について会社分割をする場合には、事業の一部か否かの判断、事業の一部の営業権評価をすることになり、その判断の難易度が高まります。

◆非適格人的分割（分割型分割）の配当所得課税リスク

　前述の人的分割（分割型分割。会社分割と「現物配当」等を組み合わせることにより、実質的に、会社分割の効力発生日に会社分割の対価を分割会社の株主に取得させる方法をいいます。）を取り、その後オーナーがその株式を売った場合、オーナーたる株主（一族等）に対し、配当所得課税（所税25（みなし配当課税））の税務リスクが生じます。

　特に会社分割で優良部門を切り出していた場合、その株式の売買価格は高額になり、配当所得課税もまた高額になるリスクがあります。

　特に非適格人的分割（分割型分割）をすると、配当所得課税負担のみならず、法人負担も十分に注意する必要があります。

（4）　株式譲渡における税法上の注意点■■■■■■■■■■■■■■■■

　会社が株式譲渡をすると、原則として、その譲渡益に対して法人税が、個人が株式譲渡をすると、所得税と住民税が課税されます。

◆株式の低額譲渡の留意点

　特に会社の経営危機において早期に株式を譲渡する必要性に迫られているにもかかわらず、会社の危機時に譲渡先が容易に見つからない時に、大幅に値引きして株式を譲渡せざるを得ない事態が生じ得ます。

　このような場合に注意しなければならないのは、法人に対して時価の2分の1未満による譲渡があった場合には、譲渡をした個人について、時価による譲渡があったとみなして所得税（所税59①）が課され、譲受人側に贈与税（相税7）又は法人税（時価と売買価格との差額の受贈益）が課税されるリスクが生じます。

　ただし「取引相場のない株式」を譲渡する場合には、譲渡者と譲受者がそれぞれ個人なのか法人なのかにより、所得税と法人税との評価方法に差異があるためその時価

に差が生じて、法人税や贈与税あるいは所得税についての課税所得が生じる恐れがあるので、譲渡に当たって慎重に対応する必要があります。

◆株価算定における純資産価額

　都市部における土地建物の譲渡の場合等、土地の面積の測量（簡易測量・確定測量）、不動産鑑定士による鑑定評価、不動産会社を通じた売買実例、土地建物の瑕疵の調査、土地の価格と建物の価格の割り振り、借地権と使用貸借の区別などの要素により、不動産の評価は大きく変動します。したがって、当該会社の純資産額・株価も大きな影響があることを考慮し、不動産価額算定・株価算定にどこまでのコストをかけるのか、それらのメリットと費用を説明し、依頼者の合意を得ることが肝要です。

第 5 章

役員給与・賃金の検討

126

＜フローチャート～対処方法の検討＞

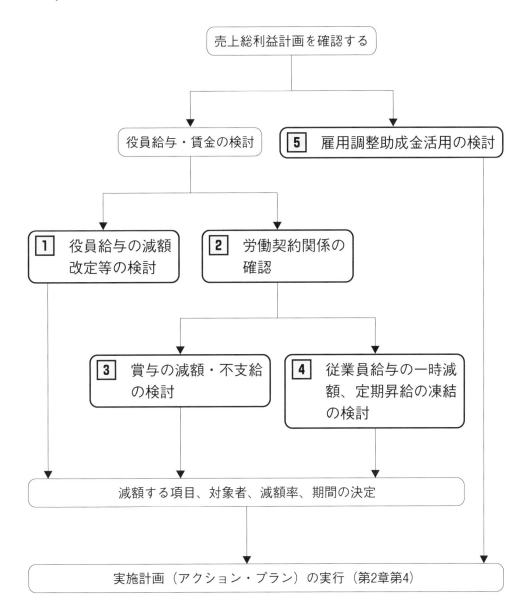

1　役員給与の減額改定等の検討

（1）　はじめに ■■■■■■■■■■■■■■■■■■■■■■■■■■■■■■

　業績が悪化した企業の経営改善策として役員給与、従業員の賞与又は給与の定期昇給の凍結や一時減額をすることによるコスト削減策があります。法人が従業員に対して支給する給与は、人件費として原則として全て損金に算入されますが、法人の役員は、法人に対して使用人とは異なる特殊の関係にある（会社330）ため、役員給与の損金算入については、恣意性排除の観点から、税務上厳しい制約が設けられています。

（2）　役員給与の課税の取扱い ■■■■■■■■■■■■■■■■■■■■■

◆概　要

　法人が役員に対して支給する給与については、定期同額給与、事前確定届出給与及び業績連動給与のいずれにも該当しないものの額は、損金の額に算入しないこととされています（法税34①）。業績が悪化し、役員給与の減額改定を行う場合の取扱いについては次のとおりとなります。

◆定期同額給与

　定期同額給与とは、その支給時期が1か月以下の一定の期間ごとの給与（以下「定期給与」といいます。）で、その事業年度の各支給時期における支給額が同額であるものをいい（法税34①一）、定期給与で次の①から③までの改定（以下「給与改定」といいます。）によるものを含むこととされています（法税令69①一）。

①　通常改定（事業年度開始後3か月以内の定時改定）
②　臨時改定事由による改定
③　業績悪化改定事由による改定

　上記①から③までの給与改定により、給与改定前の各支給時期の支給額が同額であり、かつ、給与改定後の各支給時期の支給額が同額であれば、いずれも定期同額給与に該当します。

　業績悪化による役員給与の減額改定を検討する場合には、「③　業績悪化改定事由による改定」の適用の可否を検討することになります。

　法人税法施行令69条1項1号ハは「経営の状況が著しく悪化したことその他これに類する理由」を業績悪化改定事由としていますが、「その他これに類する理由」とは、経

営状況が著しく悪化したことなどやむを得ず役員給与を減額せざるを得ない事情があるかどうかにより判定すると解されますから、法人の一時的な資金繰りの都合や単に業績目標値に達しなかったことなどの理由は含まれないと解されます（法基通9−2−13）。

　また、「役員給与に関するQ＆A」（平成20年12月国税庁）のQ1では、次のような減額改定も、業績悪化改定事由による改定に該当すると考えられるとされています。

① 　株主との関係上、業績は財務状況の悪化についての役員としての経営上の責任から役員給与の額を減額せざるを得ない場合

② 　取引銀行との間で行われる借入金返済のリスケジュールの協議において、役員給与の額を減額せざるを得ない場合

③ 　業績や財務状況又は資金繰りが悪化したため、取引先等の利害関係者からの信用を維持・確保する必要性から、経営状況の改善を図るための計画が策定され、これに役員給与の額の減額が盛り込まれた場合

　上記①については、同族会社のように株主が少数で占められ、かつ、役員の一部の者が株主である場合や株主と役員が親族関係にある会社について、該当するケースがないわけではありませんが、そのような場合には、役員給与の額を減額せざるを得ない客観的かつ特別の事情を具体的に説明できるようにしておく必要がある（高橋正明編『法人税基本通達逐条解説』885頁（税務研究会出版局、十訂版、2021））と考えられます。

　さらに、「役員給与に関するQ＆A」のQ1−2では、現状では売上などの数値的指標が悪化しているとまでは言えませんが、役員給与の減額などの経営改善策を講じなければ、客観的な状況から著しく悪化することが不可避と認められる場合も、業績悪化改定事由に該当すると考えられています。

◆新型コロナウイルスの影響による役員給与の減額

　新型コロナウイルスの影響による役員給与の減額については、国税庁の「国税における新型コロナウイルス感染症拡大防止への対応と申告や納税などの当面の税務上の取扱いに関するFAQ」に事例が紹介されています。ここでは、業績が悪化した場合の役員給与の減額だけでなく、業績の悪化が見込まれるために行う役員給与の減額についても、業績悪化改定事由に該当し、改定前に定額で支給していた役員給与と改定後に定額で支給する役員給与は、それぞれ定期同額給与に該当し、損金算入が認められるとされています。

【参考書式2】臨時株主総会議事録（定期同額給与減額）

◆事前確定届出給与

　事前確定届出給与とは、その役員の職務につき所定の時期に確定した額の金銭等を交付する旨の定めに基づいて支給する給与で定期同額給与及び業績連動給与のいずれにも該当しないものをいいます（法税34①二）。その給与が定期給与を支給しない役員に対して支給する給与以外の給与である場合には、納税地の所轄税務署長にその定めの内容に関する届出をしていることが必要で（法税34①二イ）、この場合の事前確定届出給与のその定めの内容に関する届出の原則的な届出期限は、株主総会等の決議の日又は職務開始の日のいずれか早い日から1か月を経過する日までとされています（法税令69④一）。

　業績悪化改定事由により事前届出に係る定めに基づく給与の支給額を減額変更する場合には、当該業績悪化改定事由によりその定めの内容の変更に関する株主総会等の決議をした日から1月を経過する日までに「事前確定届出給与に関する変更届出書」を所轄税務署長に提出することにより、事前確定届出給与として損金の額に算入することができます（法税令69⑤二）。

【参考書式3】臨時株主総会議事録（事前確定届出給与減額）
【参考書式4】事前確定届出給与に関する変更届出書

（3）　支給された役員給与の自主返納の取扱い ■■■■■■■■■■■■■

　役員が支給された給与を自主的に返納した場合には、返納を受けた法人は役員給与の額を減額支給したことではないので、役員給与の額を支給期において損金算入要件に従い経理処理していれば、損金不算入の問題は生じません。役員は損金算入された役員給与に係る所得税や社会保険料の負担の変更はありません。

　返納された額は、役員個人から法人への寄附金に該当し、その額を益金に算入することになると思われます。

2　労働契約関係の確認

（1）　人件費削減に当たっての労働契約関係の理解 ■■■■■■■■■■■

　人件費削減に当たっては、従業員の賃金がどのような方法で決定されているか確認することが必要です。労働契約の内容は入社時に締結した労働契約書のみならず、労

働基準法などの法令、労働協約や就業規則によっても規律される多重構造になっています。それぞれの優劣関係は、①法令、②労働協約、③就業規則、④労働契約の順位になります（労基92・93、労契7・12）。

　まず、労働協約は、強行法規である労働基準法に違反すれば効力はありません。

　次に、就業規則は法令又は当該事業場について適用される労働協約に反してはならない（労基92①）ので法令及び労働協約が就業規則に優位します。

　さらに、就業規則に達しない労働条件を定める労働契約は、その部分は無効となり、その無効となった部分は、就業規則に定める基準によります（労契12、労基93）。

（2）　変更の方法 ■■■■■■■■■■■■■■■■■■■■■■■■■■■■■■■■

　経営危機に直面し、人件費の削減の必要性から労働条件を不利益変更する必要が生じた場合には、次の三つの方法があります。
①　新たな労働協約の締結
②　就業規則の変更
③　労働者の個別同意を取る

◆新たな労働協約の締結により変更する場合

　労働組合がある会社では新たな労働協約の締結をすることで労働条件の不利益変更を行います。労働協約の規範的効力は労働者にとって、不利な事項についても及び、労働協約によって行えば原則として有効となります（例外として、①労働組合内での意見集約が公正に行われていない場合（中根製作所事件（東京高判平12・7・26労判789・6））、②特定又は一部の組合を殊更不利益に取り扱うことを目的に締結された労働組合の目的を逸脱する場合（朝日火災海上保険事件（最判平9・3・27労判713・27））があります。）。労働条件の不利益変更は統一的に行う必要があるため、その労働協約を締結する労働組合は圧倒的多数の組合であることが必要で、具体的には事業所ごとに4分の3以上の組織率を有していることが望まれます。労働協約の規範的効力は非組合員には及びませんが、一の工場事業場に同種の労働者の4分の3以上の数の労働者が一の労働協約の適用を受けるに至ったときは、非組合員にも適用されます（一般的拘束力）（労組17）。

　ただし、この一般的拘束力は少数組合の組合員には及びません（大輝交通事件（東京地判平7・10・4労判680・34）、ネスレ日本事件（東京地判平12・12・20判時1753・149））。したがって、一般的拘束力の及ばない非組合員及び少数組合の組合員の不利益変更は、就業規則の変更の方法によるほかありません。

◆就業規則の変更により変更する場合

　使用者は、労働者と合意することなく、就業規則を変更することにより、労働者の不利益に労働契約の内容である労働条件を変更することはできないことが原則です（労契9）。

　しかし、使用者が変更後の就業規則を労働者に周知させ、かつ、就業規則の変更が合理的なものであるときは、この限りでなく、労働契約の内容である労働条件は、当該変更後の就業規則に定めるところによるものとされます（労契10）。

　その変更の合理性は、①労働者の受ける不利益の程度、②労働条件変更の必要性、③変更後の就業規則の内容の相当性、④労働組合等との交渉の状況、⑤その他の就業規則の変更にかかる事情に照らして判断します（労契10）。

　結局は企業の変更の必要性と労働者が受ける不利益の利益衡量で判断されるものになります。就業規則による労働条件の不利益変更は、労働協約と違って使用者が一方的に行えるものなので、合理性判断は難しく、裁判例においても同じ事案で裁判官により判断が分かれることがあります。

◆労働者の個別合意を取って変更する場合

　労働契約法8条において、「労働者及び使用者は、その合意により、労働契約である労働条件を変更することができる」と定められています。

　賃金に関する不利益合意は、本人の署名、押印のある同意書があっても、必ずしもそれだけで不利益変更の合意があったとは認められません。賃金を減額する具体的な内容、つまり、①時限的措置の場合には具体的期間（「当面の間」などの抽象的記載では不可）、②減額される手当の種別、③減額後の具体的金額等を明らかにした合意書を作成して、当該労働者の署名押印を得ることが必要となります（山梨信用組合事件（最判平28・2・19民集70・2・123））。

(3)　不利益変更の具体的手順 ■■■■■■■■■■■■■■■■■■■■■■■

　まず、労働協約に一般的拘束力がある場合は、労働協約一本で全従業員の労働条件の不利益変更を実現することになります。労働協約に一般的拘束力がない場合は、労働協約の締結に加えて就業規則の変更を同時に行うことで、全従業員の労働条件の不利益変更を実施することになります。

　次に、労働協約がなく、従業員の賃金が就業規則により定められている場合には、賃金を下げる内容の労働条件の不利益変更を行います。就業規則により不利益変更を

実施するときは、大多数の従業員から同意を得られれば、就業規則の変更内容の相当性という点で就業規則の不利益変更の合理性が認められる方向に作用するので、併せて個別合意も得ることが望ましいと考えます。

3　賞与の減額・不支給の検討

（1）　賞与の性質 ■■■■■■■■■■■■■■■■■■■■■■■■■■■■■■■■

　賞与は支給対象期間の勤務に対する賃金というもの、功労報償的なもの、生活補填的なもの、将来の労働意欲向上を目的としたものがありますが、法律上、その内容が規定されていません。

　賞与という制度を設けるか否か、設けるとしてどのような内容（支給時期、支給基準）とするかは、会社の裁量に委ねられています。

　労働協約、就業規則又は労働契約（以下「就業規則等」といいます。）に賞与の算定基準、支給条件、支給内容及び支給時期等を具体的に定めたときは、会社は、その規定に従って賞与を支給する義務を負います。この場合、その規定から算出される金額を下回る賞与額を支給する、又は全く支給しないことにするときは、就業規則等に定められた労働条件を切り下げることになるため、労働条件の不利益変更の問題となります。

　しかし、一般的には、就業規則等において、「支給することがある」ということだけを定め、支給額等は、労使交渉や会社による決定を経て確定させる会社が多いようです。この場合は就業規則等の定めに具体的な賞与の内容が定まっていないので、労働条件の不利益変更の問題とはならず、会社の判断で支給の有無、多寡を決めることができ、会社が個々の支給額を決定したときに初めて賞与を支給する義務を負うということになります（京王電鉄事件（東京地判平15・4・28労判851・35）は「賞与は就業規則によって保障されているわけではなく、労使交渉又は使用者の決定により算定基準・方法が定まり、算定に必要な成績査定を経て決まるものであること等を考慮すると、賞与請求権は、被告において、人事考課査定をし、個々の支給額を決定したときに具体的請求権として発生するものと解するのが相当である」と判示しています。）。

　ここで注意すべきは、就業規則等に賞与の算定基準等が具体的に定められていない

場合においても、従前の賞与の支給実績等から、賞与の支給とその金額について労使慣行が成立しており、これが契約内容となっていると評価される場合があります（立命館事件（京都地判平24・3・29労判1053・38）は「労使間で慣行として行われている労働条件等に関する取扱いである労使慣行は、①同種の行為又は事実が一定の範囲において長期間反復継続して行われていたこと、②労使双方が明示的に当該慣行によることを排除・排斥しておらず、当該慣行が労使双方（特に使用者側においては、当該労働条件の内容を決定し得る権限を有する者あるいはその取扱いについて一定の裁量を有する者）の規範意識に支えられていることが認められると、事実たる慣習として、労働契約の内容を構成して当事者間に法的拘束力を有するというべきである。」と判示しました。）。この場合は、就業規則等で支給基準等が具体的に定められていると考えられますので、賞与の減額又は不支給は労働条件の不利益変更の問題となります。

(2)　変更の具体的内容 ■■■■■■■■■■■■■■■■■■■■■■■■■■

　就業規則等に具体的に支給条件、支給内容等が規定されている場合には、次のとおり変更します。

変更前	変更後
（賞　与） 第1条　賞与は、基本給の2月相当分を、毎年6月10日及び12月10日にそれぞれ支給する。	削　除

変更前	変更後
（賞　与） 第1条　賞与は、基本給の2月相当分を、毎年6月10日及び12月10日にそれぞれ支給する。	（賞　与） 第1条　賞与は支給しない。

変更前	変更後
（賞　与） 第1条　賞与は、基本給の2月相当分を、毎年6月10日及び12月10日にそれぞれ支給する。	（賞　与） 第1条　賞与は、基本給の1月相当分を、毎年6月10日及び12月10日にそれぞれ支給する。

4　従業員給与の一時減額、定期昇給の凍結の検討

（1）　給与の一時減額■■■■■■■■■■■■■■■■■■■■■■■■■■■■

◆個別合意による方法

　労働者と使用者は、両者の合意により、労働契約の内容である賃金・労働条件を変更することができます（労契8）。合意取得のプロセスとして、①あらかじめ、対象従業員に説明会を開催すること、②労働条件の変更内容を十分に説明し、減額の判断に至る経営努力や今後の業績回復に向けた取組みや見通しを丁寧に説明すること、③対象となる従業員に十分な検討時間を与えることが必要です。個別合意を取得したとしても、就業規則で定める基準に達しない労働条件を定める労働契約は、その部分については無効となります（労契12）から、同意を得た場合も変更した部分の就業規則の規定は、必ず改定しておかなければなりません。なお、時限的な給与減額であれば下記の附則で構いません。

> 附則○条　第○条で定める基本給については、令和○年1月から1年間、その5％相当分を引き下げた金額を支給するものとする。

【参考書式5】時限的な給与減額に関する個別の同意書

◆就業規則による変更

　就業規則の変更による考え方は、前掲 2 (2)のとおりですが、具体的には次の手順で行います。
① 　就業規則の変更案を作成する
② 　変更案を全従業員の過半数を占める労働組合（又は全従業員の過半数を代表する従業員）に示し、意見聴取を行う
③ 　聴取した意見を検討し、就業規則の変更内容を正式に決定する
④ 　変更した就業規則を所轄の労働基準監督署長に届出をする
⑤ 　届出をした就業規則を、全従業員に周知する

【参考書式6】意見書
【参考書式7】就業規則（変更）届

◆新たな労働協約の締結による変更

　労働協約による変更による考え方は、前掲 2 (2)のとおりです。新たに結んだ労働協約の内容は、その規範的効力により組合員全員に及びます。労働協約書作成の注意点は、労働組合と使用者又はその団体との間の労働条件その他に関する労働協約は、書面を作成し、両当事者が署名し、又は記名押印することによって効力を生ずる（労組14）と規定されています。

【参考書式8】賃金引下げに関する労働協約書

(2)　定期昇給の凍結 ■■■■■■■■■■■■■■■■■■■■■■■■■■

　定期昇給とは、あらかじめ決められた時期に、年齢や勤続年数、あるいは職能上の等級の上昇に伴い、賃金額が上昇することをいいます（山川隆一『雇用関係法［第4版］』126頁（新世社、2008））。就業規則や労働協約において、「会社は4月に定期昇給を行うことがある」「会社は業績や本人の勤務成績に応じて昇給させることがある」などと定めているにすぎない場合には、労使慣行がない限り、会社は法的に定期昇給を行う義務を負いません（高見澤電機製作所事件（東京高判平17・3・30労判911・76））。これに対して、「会社は毎年4月1日に基本給の5%を昇給させる」などと定めている場合には、定期昇給の時期及び金額が具体的に定められているため、会社は定期昇給をする法的義務を負っていることになります。

　会社が法的義務を負う場合における定期昇給の廃止は、本来増額されるはずだった賃金が増額されないことになりますので、賃金に関する不利益変更に当たります。賃金は労働者の労働条件の中でも最重要事項であり、これを減額するには原則として従業員の個別の同意が必要となります。

　しかし、従業員の個別合意の同意がなければ一切減額できないというわけではなく、就業規則や労働協約によって定期昇給を廃止することは可能です。ただし、就業規則を変更することによって定期昇給を停止又は減額することは、それを受忍させることを許容できるだけの高度の必要性が要求されます（労契10）。

　定期昇給の停止又は減額が今年度限りのものである場合には、恒久的な廃止とは異なり、従業員の不利益は一時的なものといえます。会社の経営危機を乗り越えるための必要性、合理性を従業員に対して真摯に説明し、個別の合意を得る努力をすることが肝要です。

【参考書式9】時限的な定期昇給の凍結に関する個別の同意書

5 雇用調整助成金活用の検討

(1)　雇用調整助成金 ■■■■■■■■■■■■■■■■■■■■■■■■■■■■

　雇用調整助成金は、「景気の後退等、「経済上の理由」により事業活動の縮小を余儀なくされ雇用調整を行わざるを得ない事業主が、労働者に対して一時的に休業、教育訓練又は出向（以下「休業等」といいます。）を行い、労働者の雇用を維持した場合に、休業手当、賃金等の一部を助成するもの」です（厚生労働省ホームページ「雇用調整助成金FAQ（令和4年3月22日現在版）」）。

(2)　新型コロナウイルス感染症の影響に伴う特例措置 ■■■■■■■■■

　新型コロナウイルス感染症についての特例措置として、令和2年4月1日から令和4年6月30日までを緊急対応期間と位置づけ、感染防止のため、この期間中は全国において更なる特例措置が実施されています（令和4年3月22日現在）。

　特例措置による雇用調整助成金とは、「新型コロナウイルス感染症の影響」により、「事業活動の縮小」を余儀なくされた場合に、従業員の雇用維持を図るために、「労使間の協定」に基づき、「雇用調整（休業）」を実施する事業主に対して、休業手当などの一部を助成するものです。

　また、事業主が労働者を出向させることで雇用を維持した場合も、雇用調整助成金の支給対象となります。

　詳細は、厚生労働省ホームページ「雇用調整助成金（新型コロナウイルス感染症の影響に伴う特例）」をご確認ください。

【参考書式2】臨時株主総会議事録（定期同額給与減額）

臨時株主総会議事録

　令和○年○月○日　午前○時○分より、当社本店会議室において、臨時株主総会を開催した。

　定刻、定款の規定により代表取締役○○○○は議長席に着き、開会を宣し、本日の出席株主人員及びその持株数を次のとおり報告し、本株主総会議案の決議に必要な定足数に達していることから、本総会は有効に成立した旨を述べて、直ちに議事に入った。

株主の総数	○名
総株主の議決権の数	○個
出席株主数	○名
出席株主の議決権の数	○個

議案　定期同額給与支払額の変更の件

　議長は、下記の役員から、当期の業績に鑑み、下記の令和○年○月○日支給予定の定期同額給与の支払を下記のとおり減額する申告を受け、それを認める旨を提案した。議場に賛否を確認したところ、出席株主の有する議決権全ての賛成が得られたので、本議案は原案のとおり承認可決された旨を宣言した。

記

役職名	氏　名	変更前の給与額	変更後の給与額
代表取締役	○○○○	○○円	○○円
取締役	○○○○	○○円	○○円
取締役	○○○○	○○円	○○円

　以上をもって本総会の会議の目的事項は全て終了したので、議長は午前○時○分閉会を宣した。上記の決議を明確にするため、この議事録を作成し、出席取締役の全員がこれに記名押印する。

令和〇年〇月〇日

　　　　　　　　　　　　　　　　　　株式会社〇〇〇〇
　　　　　　　　　　　　　　　　　　　代表取締役　〇〇〇〇　㊞
　　　　　　　　　　　　　　　　　　　出席取締役　〇〇〇〇　㊞
　　　　　　　　　　　　　　　　　　　出席取締役　〇〇〇〇　㊞

【参考書式3】臨時株主総会議事録（事前確定届出給与減額）

臨時株主総会議事録

　令和〇年〇月〇日　午前〇時〇分より、当社本店会議室において、臨時株主総会を開催した。

　定刻、定款の規定により代表取締役〇〇〇〇は議長席に着き、開会を宣し、本日の出席株主人員及びその持株数を次のとおり報告し、本株主総会議案の決議に必要な定足数に達していることから、本総会は有効に成立した旨を述べて、直ちに議事に入った。

株主の総数	〇名
総株主の議決権の数	〇個
出席株主数	〇名
出席株主の議決権の数	〇個

議案　事前確定届出給与支払額の変更の件

　議長は、以下の役員から、当期の業績に鑑み、下記の令和〇年〇月〇日支給予定の事前確定届出給与（賞与）の支払を下記のとおり減額する申告を受け、それを認める旨を提案した。議場に賛否を確認したところ、出席株主の有する議決権全ての賛成が得られたので、本議案は原案のとおり承認可決された旨を宣言した。

記

役職名	氏　名	変更前の賞与額	変更後の賞与額
代表取締役	〇〇〇〇	〇〇円	〇〇円
取締役	〇〇〇〇	〇〇円	〇〇円
取締役	〇〇〇〇	〇〇円	〇〇円

　以上をもって本総会の会議の目的事項は全て終了したので、議長は午前〇時〇分閉会を宣した。上記の決議を明確にするため、この議事録を作成し、出席取締役の全員がこれに記名押印する。

　令和〇年〇月〇日

　　　　　　　　　　　　　　　　　　　株式会社〇〇〇〇
　　　　　　　　　　　　　　　　　　　　代表取締役　〇〇〇〇　㊞
　　　　　　　　　　　　　　　　　　　　出席取締役　〇〇〇〇　㊞
　　　　　　　　　　　　　　　　　　　　出席取締役　〇〇〇〇　㊞

【参考書式4】 事前確定届出給与に関する変更届出書

<table>
<tr><td colspan="2" rowspan="2">税務署受付印
（円形印）</td><td colspan="2">事前確定届出給与に関する変更届出書</td><td colspan="2">※整理番号</td><td></td></tr>
<tr><td colspan="5"></td></tr>
<tr>
<td colspan="2" rowspan="5">令和 ○ 年 ○ 月 ○ 日</td>
<td rowspan="2">納　税　地</td>
<td colspan="4">〒 ○○○-○○○○
○○県○○市○○町○-○-○
電話(○○○) ○○○-○○○○</td>
</tr>
<tr>
<td>（フリガナ）
法 人 名 等</td>
<td colspan="4">カブシキガイシャ○○○○
株式会社○○○○</td>
</tr>
<tr>
<td>法 人 番 号</td>
<td colspan="4">○｜○｜○｜○｜○｜○｜○｜○｜○｜○｜○｜○｜○</td>
</tr>
<tr>
<td>（フリガナ）
代 表 者 氏 名</td>
<td colspan="4">○　○　○　○</td>
</tr>
<tr>
<td>代 表 者 住 所</td>
<td colspan="4">〒 ○○○-○○○○
○○県○○市○○町○-○-○</td>
</tr>
</table>

連結子法人（届出の対象が連結子法人である場合に限り記載）	（フリガナ） 法 人 名 等		※税務署処理欄	整 理 番 号	
	本店又は主たる 事務所の所在地	〒　　　（　　局　　署） 電話（　）　－		部 門	
				決 算 期	
	（フリガナ） 代 表 者 氏 名			業種番号	
				整 理 簿	
	代 表 者 住 所	〒		回 付 先	□ 親署 ⇒ 子署 □ 子署 ⇒ 調査課

事前確定届出給与に関する変更について下記のとおり届け出ます。

記

<table>
<tr>
<td rowspan="2">①</td>
<td>臨時改定事由の概要及びその臨時改定事由が生じた日</td>
<td>（臨時改定事由の概要）

（臨時改定事由が生じた日）　令和　年　月　日</td>
</tr>
<tr>
<td>業績悪化改定事由により直前届出に係る「定め」の内容の変更に関する株主総会等の決議をした日及びその変更前の直前届出に係る「定め」に基づく給与の支給日</td>
<td>（決議をした日）　令和 ○ 年 10 月 10 日

（直前届出に係る給与の支給の日）　令和 ○ 年 12 月 10 日</td>
</tr>
<tr>
<td>②</td>
<td>変更を行った機関等</td>
<td>（機関等）　臨時株主総会</td>
</tr>
<tr>
<td>③</td>
<td>変更後の事前確定届出給与等の状況</td>
<td>付表（No. 1 ～No. 　）のとおり。</td>
</tr>
<tr>
<td>④</td>
<td>変更前後で事前確定届出給与の支給時期が異なる場合のその理由</td>
<td>（理由）</td>
</tr>
<tr>
<td>⑤</td>
<td>直前届出に係る届出書の提出をした日</td>
<td>令和 ○ 年 2 月 28 日</td>
</tr>
<tr>
<td>⑥</td>
<td colspan="2">その他参考となるべき事項　　添付書類：臨時株主総会議事録</td>
</tr>
<tr>
<td>届出期限</td>
<td colspan="2">□ 臨時改定事由：「臨時改定事由が生じた日」から1月を経過する日　令和　年　月　日
☑ 業績悪化改定事由：「決議をした日」から1月を経過する日と「直前届出に係る給与の支給の日」の前日とのいずれか早い日　令和 ○ 年 11 月 10 日</td>
</tr>
<tr>
<td colspan="2">税 理 士 署 名</td>
<td rowspan="2">（規格 A4）</td>
</tr>
</table>

※税務署処理欄	部門	決算期	業種番号	番号	整理簿	備考	通信日付印	年 月 日	確認

04.03 改正

付表（変更後の事前確定届出給与等の状況）

	No.	1

事前確定届出給与対象者の氏名（役職名）	○○○○　　　　（　代表取締役　）
変更前の直前届出に係る「定め」に基づく給与の支給の日	令和○年12月10日
直前届出に係る届出書の提出をした日	令和○年2月28日
当初届出に係る事業年度	令和○年1月1日　～　令和○年12月31日
当初届出に係る事業年度開始の日の属する会計期間	令和○年1月1日　～　令和○年12月31日

1　金銭交付

変更後の事前確定届出給与に関する事項		区分	支給時期（年月日）	支給額（円）	変更前の事前確定届出給与に関する事項		区分	支給時期（年月日）	支給額（円）
	職務執行期間の属する会計期間開始の日	今回の届出額	○・12・10	1,000,000		職務執行期間の属する会計期間開始の日	届出額	○・12・10	3,000,000
							支給額	・　・	
		今回の届出額	・　・				届出額	・　・	
							支給額	・　・	
		今回の届出額	・　・				届出額	・　・	
							支給額	・　・	
		今回の届出額	・　・				届出額	・　・	
							支給額	・　・	
	翌会計期間以後	今回の届出額	・　・			翌会計期間以後	届出額	・　・	
		今回の届出額	・　・				届出額	・　・	

2　株式等交付

変更後の事前確定届出給与に関する事項		区分	支給時期（年月日）	交付する株式又は新株予約権の銘柄	交付数／金銭債権の額（円）	交付決議時価額（円）
	職務執行期間の属する会計期間開始の日	今回の届出内容	・　・			
		今回の届出内容	・　・			
		今回の届出内容	・　・			
		今回の届出内容	・　・			
	翌会計期間以後	今回の届出内容	・　・			
		今回の届出内容	・　・			
条件その他の内容						

変更前の事前確定届出給与に関する事項		区分	支給時期（年月日）	交付する株式又は新株予約権の銘柄	交付数／金銭債権の額（円）	交付決議時価額（円）
	職務執行期間の属する会計期間開始の日	届出内容	・　・			
		支給内容	・　・			
		届出内容	・　・			
		支給内容	・　・			
	翌会計期間以後	届出内容	・　・			
		届出内容	・　・			
条件その他の内容						

04.03改正

（出典：国税庁ウェブサイト）

【参考書式5】時限的な給与減額に関する個別の同意書

賃金引下げ同意書（賃金請求権の一部放棄同意書）

株式会社○○○○

代表取締役　○○○○　殿

　月例賃金引下げに関する説明及び申出を受けました。

　私は下記事項について、異議なく、同意いたします。

記

１．令和○年1月から1年間、毎月の基本給の金額を5％引き下げられること（基本給が300,000円から285,000円になること、15,000円分の賃金請求権を放棄すること）。

２．本同意書の記載内容は、私に適用される正社員賃金規程に優先する効力を持つこと。

以上

令和○年○月○日

所　属　○○営業部○○課
役　職　係長
氏　名　○○○○　㊞

【参考書式6】意見書

意見書

　令和○年○月○日、従業員の全員投票により過半数を持って選出された○○○○より、当社就業規則変更案について、口頭で意見がない旨が述べられ、同人は確認の記名押印をした。

令和○年○月○日

　　　　　　　　　　　　　　　　　　○○労働組合
　　　　　　　　　　　　　　　　　　○○支部代表　　○○○○　　㊞
　　　　　　　　　　　　　　　　　　株式会社○○○○
　　　　　　　　　　　　　　　　　　代表取締役　　○○○○　　㊞

【参考書式7】就業規則（変更）届

就業規則（変更）届

令和○ 年 ○ 月 ○ 日

_____○○_____ 労働基準監督署長　殿

　今回、別添のとおり当社の就業規則を制定・変更いたしましたので、
意見書を添えて提出します。

　　　主な変更事項

条文	改　正　前	改　正　後
附則○条		第○条で定める基本給については、令和○年1月から1年間、その5％相当分を引き下げた金額を支給するものとする。

労働保険番号	都道府県	所轄	管轄	基 幹 番 号				枝 番 号	被一括事業番号
	○ ○	○ ○	○ ○	○ ○ ○ ○ ○ ○				○ ○ ○	

ふりがな 事 業 場 名	かぶしきがいしゃ○○ 株 式 会 社 ○ ○
所 在 地	○○県○○市○○町1－2－3　　℡ ○○○－○○○－○○○○
使用者職氏名	代表取締役　○○○○　　　　　　　　　　　　㊞

業種・労働者数	製造業	企業全体　　　　○○人 事業場のみ　　　○○人

前回届出から名称変更があれば旧名称
また、住所変更もあれば旧住所を記入。

（東京労働局ウェブサイト（https://jsite.mhlw.go.jp/tokyo-roudoukyoku/hourei_seido_
tetsuzuki/hourei_youshikishu/youshikishu_zenkoku.html）（2022.4.27）を加工して作成）

【参考書式8】賃金引下げに関する労働協約書

労働協約書

　株式会社○○○○（以下「会社」という。）と○○労働組合（以下「組合」という。）は、会社の給与の支払に関して、次のとおり合意し、労働協約を締結する。

１．全組合員の月例給与のうち基本給を、令和○年4月から令和○年3月までの間、10％引き下げて支払うこと。

２．令和○年及び同○年の年2回の賞与額を、それぞれ、令和○年の各組合員に対する支給額の30％を減額して支払うこと。

　　　　　　　　　　　　　　　　　　　　　　　　　　　令和○年○月○日

　　　　　　　　　　　　　　　　　　　株式会社○○○○
　　　　　　　　　　　　　　　　　　　代表取締役　　○○○○　　㊞
　　　　　　　　　　　　　　　　　　　○○労働組合
　　　　　　　　　　　　　　　　　　　執行委員長　　○○○○　　㊞

【参考書式9】時限的な定期昇給の凍結に関する個別の同意書

定期昇給の凍結に関する同意書

株式会社○○○○

代表取締役　○○○○　殿

　定期昇給の凍結に関する説明及び申出を受けました。

　私は下記事項について、異議なく、同意いたします。

記

1．令和○年4月から令和○年3月まで支給の月例給与の基本給 (285,000円) について定期昇給を凍結すること。

2．本同意書の記載内容は、私に適用される正社員賃金規程に優先する効力を持つこと。

以上

令和○年○月○日

所　属　○○営業部○○課

役　職　係長

氏　名　○○○○　㊞

第 6 章

人員配置の検討

150

＜フローチャート～対処方法の検討＞

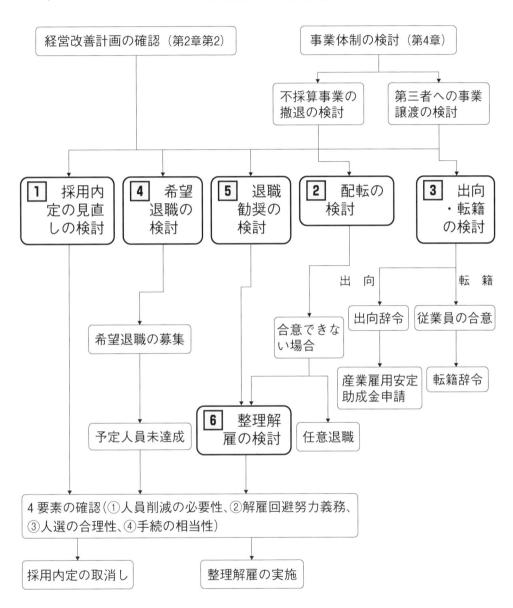

1　採用内定の見直しの検討

(1)　採用内定の取消しの可否 ■■■■■■■■■■■■■■■■■■■■■

◆採用内定の法定性質

　採用内定とは、始期付解約権留保付労働契約とされています（採用内定に関する法律構成及び判断は、大日本印刷事件（最判昭54・7・20民集33・5・582）、電電公社近畿電通局事件（最判昭55・5・30民集34・3・464）。）。すなわち、働き始める時期（始期）を合意し、かつ採用内定通知書又は誓約書に記載されている内定取消事由が生じた場合は解約できる旨の合意が含まれている契約となります。

◆経営悪化を理由とした採用内定取消しの適法性

　採用内定通知書や誓約書に内定取消事由が記載されますが、多くの企業では、この内定取消事由に「経営悪化」を挙げていません。採用内定通知書や誓約書の内定取消事由に記載されていない「経営悪化」を理由に留保解約権の行使ができるかという問題がありますが、「経営悪化」のような社会通念上相当な事由があれば、内定取消事由に記載されていなくても解約事由たり得ると考えます（上記電電公社近畿電通局事件は「採用内定当時知ることができず、また知ることが期待できないような事実であって、これを理由として採用内定を取り消すことが解約権留保の趣旨、目的に照らして客観的に合理的に認められ社会通念上相当として是認することができる場合を含むと解するのが相当」と判示しました。）。

　しかしながら、「経営悪化」を理由とした採用内定取消しは、企業の帰責事由に基づく契約の解約ですから、その適法性は整理解雇の4要素、①人員削減の必要性、②解雇回避努力義務、③人選の合理性、④手続の相当性に照らし、厳格に判断されることとなります（後掲 6 参照）。

(2)　採用内定見直し実施の留意点 ■■■■■■■■■■■■■■■■■■■

◆採用内定取消しの回避のための取組みを行うこと

　経営上の理由による解雇の有効性については、事前に裁判の結論を予測するのは困難であり、この点は採用内定取消しの場合も同様です。したがって、内定取消しを選択する前に、新入社員の入社延期や休業、若しくは一定の金銭保証を行う、再就職支

援を行うなどをした上で、内定辞退により労働契約の解消の合意をするなどの検討を
すべきでしょう（厚生労働省ホームページに掲載されている新型コロナウイルスに関
するQ＆A（企業の方向け）10－問3は「新卒の採用内定者について労働契約が成立し
たと認められる場合には、客観的に合理的な理由を欠き、社会通念上相当であると認
められない採用内定の取消は無効となります。事業主は、このことについて十分に留
意し採用内定の取り消しを防止するため、最大限の経営努力を行う等あらゆる手段を
講ずるようにするとともに、まずはハローワークにご連絡ください。また、新入社員
を自宅待機等休業させる場合には、当該休業が使用者の責めに帰すべき事由によるも
のであれば、使用者は、労働基準法26条により、休業期間中の休業手当（平均賃金の
100分の60以上）を支払わなければならないとされています。」としています。）。

◆新入社員の入社延期、休業

　採用内定の段階で企業と新入社員との間には、4月1日を就労の始期とする労働契約
が成立していますから、企業の一方的な判断により入社時期の変更をすることはでき
ません。入社時期を変更する場合には、新入社員との間で延期の同意を得ることが必
要となります（小鍛冶広道編『新型コロナウイルス影響下の人事労務対応Q＆A』131頁（中央経
済社、2020））。また、入社をしたとしても研修やOJTを実施することができないため、
入社後すぐに休業を指示することも考えられます。この場合、休業が企業の帰責事由
によるものであれば、労働基準法26条により休業期間中の休業手当を支払うことにな
ります。

(3)　採用内々定の取消し■■■■■■■■■■■■■■■■■■■■■■■■■■■■

　内々定の段階にある取消しについては、始期付解約権留保契約が成立したと評価さ
れる場合には、採用内定の取消しと同様に、整理解雇の適法性判断の問題となります。
　始期付解約権留保契約が成立していない場合には、労働契約の解消の問題ではなく、
内々定者の期待権侵害による不法行為や労働契約締結過程における信義則違反に基づ
く損害賠償請求の問題になります（コーセーアールイー（第2）事件（福岡高判平23・3・10労
判1020・82））。
　採用内々定の見直しに当たっては、取消しをせざるを得ない理由の説明を行うとと
もに、金銭の保証や就職支援などの申出を行いながら、内々定辞退をするよう勧奨を
行うべきと考えます。

2 配転の検討

◆配転とは

　「配転」とは、従業員の配置の変更であって、職務内容又は勤務場所が相当の長期間にわたって変更されるものをいいます（菅野和夫『労働法［第12版］』727頁（弘文堂、2019））。

　終身雇用を予定した無期雇用の正規労働者については、職種・職務内容や勤務地を限定せずに採用され、広範囲な配転が行われるのが通例です。就業規則では「業務の都合により出張、配置転換、転勤を命じることがある」などと規定され、使用者は一方的に勤務場所、業務内容を決定する権限を有します。

◆配転命令の制限

　第1に個別の労働契約書や就業規則において、勤務場所・職種を限定している場合には、労働者の個別の同意が必要です（例えば、医師、技術者などの特殊な資格やアナウンサーの他職種への配転命令（裁判例として日本テレビ放送網事件（東京地決昭51・7・23判時820・54））が考えられます。）。

　第2に配転命令が権利濫用として無効とされる場合があります。具体的には、①業務上の必要性が存しない場合、②不当な動機・目的をもってなされたものであるとき（従業員を退職に導く意図でなされた配転命令や労働組合の中心人物に対する不利益配転命令など）、③従業員に対し通常甘受すべき程度を著しく超える不利益を負わせるものであるとき（病気の家族を抱えていて、その従業員の配転により一家が生活困窮となるような特別の事情がある場合など）は権利濫用として無効とされます（東亜ペイント事件（最判昭61・7・14労判477・6））。

◆企業の対応ポイント

　配転命令を検討する前に、従業員と個別に面談して、家族と生活の状況について十分把握します。そして、やむを得ず転居を伴う配転を発令する場合には次の対応策を実施してください（布施直春『不況に対応する雇用調整の実務』56・57頁（中央経済社、2021））。

①　単身赴任になる場合には、その期間を原則3年、長くとも5年までとする。

②　単身赴任手当、帰宅手当（月1〜2回分）を支給する。

③　その従業員の持ち家を社宅として借り上げる。

④　子供の転入学の容易な時期に転勤させる。

⑤　夫婦共稼ぎの場合、夫婦帯同のための赴任地での一方の配偶者の就業の機会の確

保に努力する。

　そして、企業は転勤者に対して次の負担軽減措置を行い、転勤者の経済的、金銭的不利益については相当程度の配慮を尽くすことが必要です。

①　転居に伴う引越代の負担

②　勤務先での住居の賃料負担

③　赴任手当等の支払

◆経営危機時における配転の留意点

　店舗の閉鎖、全部又は一部の事業の撤退・縮小が生じる集団的な配転については、就業規則等の定めに関わらず、十分な説明と理解を得るための取組みが必要です。家庭の事情で配転に応じることができない人もいると思われますので、任意に退職する人に対して退職金の上積みも検討しましょう。勤務していた店舗が閉鎖されたことによりその店舗での仕事はなくなるわけですが、それによって当該従業員を直ちに解雇することはできません。従業員の配転拒否理由を解消するための努力をする必要があります。例えば通勤の負担が大きいことが拒否理由であれば、交通機関の発着に合わせた通勤時間の設定をするという通勤緩和措置を講じるなどの対応が必要です。こうした説明、説得を試みて、なお拒否する場合には、整理解雇となる旨を警告して最終応諾日を伝え、その期限までに承諾の意思表示がないときは、就業規則に定める手続を経て整理解雇にすることもやむを得ないと考えられます（布施直春『不況に対応する雇用調整の実務』63頁（中央経済社、2021））。

3 ｜ 出向・転籍の検討

(1)　出向・転籍とは ■■■■■■■■■■■■■■■■■■■■■■■■■■■■■■

◆出向と転籍は企業間の人事異動

　同一企業間の人事異動である「配転」とは異なり、他企業での勤務を命じる異動が「出向」と「転籍」です。「出向」は異動前の企業との雇用関係を維持するのに対し、「転籍」は異動前の企業との雇用関係が終了するという違いがあります。

　どのような場合に出向を命じることができるかについては、就業規則の一般的規定に加えて、出向規程等において、出向期間、出向社員の地位、賃金その他の労働条件などについて不利益にならないよう配慮した定めを設けておく必要があると解されて

います（新日本製鐵事件（最判平15・4・18労判847・14））。これに対して、転籍は、①転籍元と転籍先との協定などに基づき、従業員が転籍元との労働契約を合意解約して、転籍先との新たな労働契約を締結する場合と、②労働契約上の使用者の地位が転籍元から転籍先に譲渡される場合があります。いずれの場合も従業員本人の合意が必要です。転籍は企業が一方的に命じることができませんし、従業員本人の個別同意が必要で、従業員は拒否することもできます。

(2)　出向の検討 ■■■■■■■■■■■■■■■■■■■■■■■■■■■■■■

◆出向実施に当たっての準備

　出向を命じるには、従業員の「個別的な同意を得る」か、又は「出向先での賃金・労働条件、出向の期間、復帰の仕方などが就業規則や労働協約等によって従業員の利益に配慮して整備されている」必要があるとされています。

　また、従業員に出向を命じることができる場合であっても、出向の必要性、対象従業員の選定に係る事情等に照らして、その権利を濫用したものと認められる場合は、その命令は無効となります（労契14）。出向実施に当たっては、その必要性や出向期間中の労働条件等について、労使の間でよく話合いを行い、出向に際しては従業員の個別的な同意を得ていくことが望まれます。

　なお、産業雇用安定助成金や雇用調整助成金といった出向に対する助成制度を活用する場合には、出向従業員本人が出向することについて同意していることが必要です（厚生労働省「在籍型出向「基本がわかる」ハンドブック」19頁）。

【参考書式10】出向規程

◆出向実施のメリット

　出向は、同一企業内のみの異動よりも幅広に異動先を検討でき、新型コロナウイルス感染症の終息後など、必要となる人材を失うことなく、一時的な雇用調整が可能です。出向からの復帰については、従業員の同意なく復帰を命じることができます（古河電気工業・原子燃料工業事件（最判昭60・4・5労判450・48））。

　従業員にとっては、会社の経営状況により休業を余儀なくされた場合、長期間休業しているよりも、別の会社で働くことにより自社で得ることのできない経験ができ、能力向上にもつながります。

　なお、出向を行うに当たっては、その出向が「業として行われる」場合には、職業

安定法44条により禁止される労働者供給事業に該当するので注意が必要です。出向の形態は労働者供給に該当するものですが、①労働者を離職させるのではなく、関係会社において雇用機会を確保する、②経営指導、技術指導の実施、③職業能力開発の一環として行う、④企業グループ内の人事交流の一環で行う、等のいずれかの目的であるものについては、基本的に「業として行う」ものではないとされています。

◆出向契約の締結

　出向元法人と出向先法人の契約は、以下の事項を定めておくことが考えられます（厚生労働省「在籍型出向「基本がわかる」ハンドブック」20頁）。

① 　出向期間
② 　職務内容、職位、勤務場所
③ 　就業時間、休憩時間
④ 　休日、休暇
⑤ 　出向負担金、通勤手当、時間外手当、その他手当の負担
⑥ 　出張旅費
⑦ 　社会保険・労働保険
⑧ 　福利厚生の取扱い
⑨ 　勤務状況の報告
⑩ 　人事考課
⑪ 　守秘義務
⑫ 　損害の賠償
⑬ 　途中解約
⑭ 　その他（特記事項）

　なお、産業雇用安定助成金や雇用調整助成金を活用する場合には、出向契約書に以下の事項を記載する必要があります。

① 　出向元事業所及び出向先事業所の名称と所在地
② 　出向労働者ごとの出向実施時期・期間

　出向を実施する時期（開始日及び末日）とその期間（年月数）について、出向労働者ごとに定めます。

③ 　出向中の処遇
　㋐ 　出向の形態と雇用関係
　　出向元事業所の労働者たる地位を保有しつつ、出向先事業所において勤務する形態（その場合、出向元事業所においては出向期間中休職扱いとすることが定められているもの（部分出向である場合を除きます。）に限ります。）であることを明確化します。

　　㋑　出向期間中の賃金

　　　賃金の支払者、支払方法その他賃金に関する事項を規定します。

　　㋒　出向期間中のその他の労働条件

　　㋓　出向期間中の雇用保険の適用

　　　出向労働者の出向期間中の雇用保険の適用を出向元事業所と出向先事業所のいず
れで行うかを規定します。

④　出向元事業主及び出向先事業主の間の賃金の負担・補助

　　出向労働者の出向期間中の賃金については、下記の＜出向中の賃金＞の@又は⑥及
び©を満たしていることを前提として、出向元事業主と出向先事業主の間の負担の考
え方、負担額の算定方法等について規定します。

　　さらに両事業主の間で賃金補助を行う場合は、当該補助の考え方、補助額の算定の
方法、補助額の支払方法・時期等について規定します。

＜出向中の賃金＞

　　@　出向元事業主が、出向契約に基づき、出向労働者の賃金について、出向先事業
　　　主に対して補助するか、又は出向労働者に対して直接賃金を支払うこと。

　　⑥　出向先事業主が、出向契約に基づき、出向労働者の賃金について、出向元事業
　　　主に対して補助するか、又は出向労働者に対して直接賃金を支払うこと。

　　©　出向労働者に対して出向期間中に支払われた賃金（臨時に支払われた賃金及び
　　　3か月を超える期間ごとに支払われる賃金を除きます。以下同じ。）の額が、おお
　　　むね出向前の労働日に通常支払われる賃金の額に相当する額であること。

⑤　出向期間終了後に出向元事業所に復帰する予定であること

【参考書式11】出向契約書

◆出向期間中の労働条件等の明確化

　　出向労働者の出向先企業での労働条件、出向元企業における身分等の取扱いは、出
向元企業、出向先企業及び出向労働者の三者間の取決めによって定められ、出向元企
業・出向先企業それぞれの使用者が、出向労働者に対して、賃金の支払等、労働基準
法等における使用者としての責任を負うことになります。労働条件については、具体
的には、以下の項目について明確にする必要があります。これらの労働条件は、出向
に際して出向先企業が明示することになります（厚生労働省「在籍型出向「基本がわかる」
ハンドブック」25頁）。

①　労働契約の期間

②　期間の定めのある労働契約を更新する場合の基準（期間の定めのある労働契約で

あって、労働契約の期間の満了後に、その労働契約を更新する場合があるときに限ります。）

③　就業の場所、従事すべき業務

④　始業・就業の時刻、所定労働時間を超える労働の有無、休憩時間、休日、休暇、労働者を二組以上に分けて就業させる場合における就業時転換に関すること

⑤　賃金（退職手当、臨時に支払われる賃金、賞与等を除きます。）の決定、計算、支払の方法、賃金の締切り及び支払の時期、昇給に関すること

⑥　退職に関すること（解雇の事由を含みます。）

⑦　退職手当の定めが適用される労働者の範囲、退職手当の決定、計算・支払方法や支払時期

⑧　臨時に支払われる賃金、賞与等、最低賃金額

⑨　労働者に負担させる食費、作業用品など

⑩　安全・衛生

⑪　職業訓練

⑫　災害補償、業務外の傷病扶助

⑬　表彰・制裁

⑭　休職に関する各事項

　①～⑥の項目（⑤の昇給に関することを除きます。）は原則として書面の交付で明示する必要があります。

　⑦～⑭の項目は、使用者がこれらの定めをした場合において、書面の交付は義務付けられていませんが、明示する必要があります。

(3)　出向者に支給する給与の取扱い ■■■■■■■■■■■■■■■■■■■■

◆出向先法人が支出する給与負担金

　法人の使用人が他の法人へ出向した場合のその出向者に対する給与は、出向先法人から出向者に直接支給する場合と、出向先法人が出向元法人に対して給与負担金を支払い、出向元法人が出向者に支給する場合があります。後者の場合における出向先法人の給与負担金は出向先法人のその出向者に対する給与として取り扱われます（法基通9－2－45）。

　なお、出向先法人が出向者に支払う給与の一切を出向元法人に支払い、出向元法人が出向者に給与を支払うこととしているときは、出向先法人は給与負担金の額について、源泉徴収を要しません（所基通183～193共－3）。

◆出向先法人に役員として出向する場合

　出向先法人が支出する給与負担金に係る役員給与の取扱いは、①役員に係る給与負担金の額につきその役員に対する給与として出向先法人の株主総会等の決議がされていること、及び②出向契約等においてその出向者に係る出向期間及び給与負担金の額があらかじめ定められていること、という二つの要件を満たすものであれば、給与負担金の支出時期、支出金額を役員給与の支給時期、支給金額として、法人税法34条1項の要件を当てはめ、その損金算入の可否を判定することとされています（法基通9－2－46）。すなわち、出向先法人の給与負担金の支出状況から判定をします。

　例えば、上記の要件を満たす株主総会の決議及び出向契約の定めがあり、出向先法人が毎月定額で80万円を出向元法人へ給与負担金として支出する場合には、定期同額給与に該当し、出向先法人において損金の額に算入することになり、下記の仕訳となります。

＜出向先法人の仕訳＞

　（給与負担金）80万円／（現金預金）80万円

＜出向元法人の仕訳＞

　（現金預金）　80万円／（雑収入）　80万円

　（給　与）　　80万円／（現金預金）80万円

◆出向者に対する給与の較差補填

　出向元法人の給与水準が出向先法人の給与水準より高く、出向元法人でその差額を補填する場合に、出向元企業が出向者に対して支給した差額補填の給与は、出向元法人の損金の額に算入されます（法基通9－2－47）。また、出向元法人が出向者に対して支給する次の金額は、いずれも給与条件の較差を補填するために支給したものとされています（法基通9－2－47（注））。

① 　出向先法人が経営不振等で出向者に賞与を支給することができないため出向元法人がその出向者に対して支給する賞与の額

② 　出向先法人が海外にあるため出向元法人が支給するいわゆる留守宅手当の額

(4)　親子関係がある法人間での出向の取扱い ■■■■■■■■■■■■■■■

◆グループ法人税制の適用がある場合

　完全支配関係がある法人間で親法人が子法人への支援策として、本来、子法人が負担すべき給与を減額し、当該減少した給与相当額を親法人が負担する方法が考えられ

ます。法人税の取扱いでは、一般的には出向者の給与は出向先法人が負担するという考え方に立っています。出向元法人が出向者に対して給与を支給している場合を考えますと、その支給する給与相当額の全額を出向先法人から受け入れている場合には、その給与の支給について法人税法上の問題は生じないのですが、出向先法人から受け入れた金額がその支給した給与相当額未満である場合や出向先法人から給与負担金を全く収受していない場合には、出向元法人で結果的に負担することになる給与相当額が、出向元法人では寄附金としての取扱いを受け損金不算入（法税37②）、出向先法人では受贈益として益金不算入（法税25の2①）となります。

　例えば、親法人である出向元法人の使用人を、子法人へ取締役として出向させて、その給与毎月80万円、年額960万円を出向元法人が全額負担したとする場合の税務上の仕訳と申告調整は、それぞれ次のとおりです。

＜親法人の税務上の仕訳＞

　　（未収入金）　　960万円／（雑収入）　　　　960万円

　　（寄附金）　　　960万円／（未収入金）　　　960万円

　　（子会社株式）960万円／（利益積立金額）960万円

＜親法人の法人税申告書別表四＞

　　雑収入計上漏れ　　　　960万円（加算・留保）

　　寄附金認定損　　　　　960万円（減算・留保）

　　寄附金の損金不算入　960万円（加算・社外）

＜親法人の法人税申告書別表五（一））

　　（未収入金）　　960万円／（未収入金）　　　960万円

　　（子会社株式）960万円／（利益積立金額）960万円

＜子法人の税務上の仕訳＞

　　（給与負担金）960万円／（未払金）960万円

　　（未払金）　　　960万円／（受贈益）960万円

＜子法人の法人税申告書別表四＞

　　受贈益計上漏れ　　　　960万円（加算・留保）

　　給与負担金認容　　　　960万円（減算・留保）

　　受贈益の益金不算入　960万円（減算・社外）

＜子法人の法人税申告書別表五（一））

　　（未払金）960万円／（未払金）960万円

◆産業雇用安定助成金の取扱い

　令和3年8月1日からは、従来の制度では認められていなかった「代表取締役が同一人物である企業間の出向」、「子会社間の出向」、「親会社と子会社の間の出向」でも、一定の要件を満たせば産業雇用安定助成金の受給ができるようになりました。雇用調整助成金は、出向元法人に対してのみの助成であるのに対し、産業雇用安定助成金は、出向元法人と出向先法人の双方の事業主に対して、助成を行う制度となります。

(5)　産業雇用安定助成金 ■■■■■■■■■■■■■■■■■■■■■■■■■■

　新型コロナウイルス感染症の影響により事業活動の一時的な縮小を余儀なくされた事業主が、在籍型出向により労働者の雇用を維持する場合に、出向元と出向先の双方の事業主に対して、一定期間の助成を行います（厚生労働省・都道府県労働局・ハローワーク（公共職業安定所）「産業雇用安定助成金ガイドブック」令和4年4月1日現在）。

　ア　助成内容等

　労働者（雇用保険被保険者）を在籍型出向させることによりかかる次の経費について、出向元企業と出向先企業とが共同事業主として支給申請を行い、当該申請に基づきそれぞれの企業へ支給されます（申請手続は出向元企業が行います。）。

　イ　出向運営経費

　出向元企業及び出向先企業が負担する賃金、教育訓練及び労務管理に関する調整経費等、出向中に要する経費の一部が助成されます。

		中小企業	中小企業以外
助成率	出向元が労働者の解雇等を行っていない場合	9／10	3／4
	出向元が労働者の解雇等を行っている場合	4／5	2／3
	上限額（一人一日当たり）	12,000円／日（出向元・先の計）	

　ウ　出向初期経費

　就業規則や出向契約書の整備費用、出向元企業が出向に際してあらかじめ行う教育訓練、出向先企業が出向者を受け入れるための機器や備品等の整備等の出向の成立に要する措置を行った場合に助成されます。

　助成額は、出向元企業・出向先企業それぞれ10万円／一人当たり（定額）、業種等による加算額はそれぞれ5万円／一人当たり（定額）です。

(6)　雇用調整助成金 ■■■■■■■■■■■■■■■■■■■■■■■■■■■■

　雇用調整助成金は、事業主が在籍型出向を行う場合も助成対象としています（厚生労

働省・都道府県労働局・ハローワーク（公共職業安定所）「雇用調整助成金ガイドブック」令和4年3月22日現在）。

◆助成内容

出向元企業が出向労働者の賃金の一部を負担する場合、以下のいずれか低い額に助成率（中小企業2／3、中小企業以外1／2）を掛けた額が助成されます。

①　出向元企業の出向労働者の賃金に対する負担額

②　出向前の通常賃金の1／2の額

※ただし、8,265円×300／365×支給対象期の日数が上限となります。

(7)　人材確保等促進税制 ■■■■■■■■■■■■■■■■■■■■■

ウィズコロナ・ポストコロナを見据えた企業の経営改革の実現のため外部人材の獲得や、厳しい雇用情勢の中での雇用の維持・確保のための在籍型出向の受け入れ、人材育成への投資を積極的に行う企業に対し、法人税等の税額控除措置が講じられます（経済産業省「「人材確保等促進税制」御利用ガイドブック」（令和3年5月31日公表版））。

ア　適用対象

青色申告書を提出する全企業

イ　適用期間

令和3年4月1日から令和5年3月31日までの間に開始する各事業年度

ウ　内　容

	適用要件	税額控除
通常要件	新規雇用者給与等支給額が、前年度より2％以上増えていること	控除対象新規雇用者給与等支給額の15％を法人税額等から税額控除
上乗せ要件	教育訓練費が、前年度より20％以上増えていること	控除対象新規雇用者給与等支給額の20％を法人税等から税額控除

ただし、税額控除額は法人税額等の20％を上限とします。

(8)　公益財団法人産業雇用安定センターの活用 ■■■■■■■■■■■

公益財団法人産業雇用安定センターでは、新型コロナウイルス感染拡大の影響により、一時的に雇用過剰となった企業が労働者の雇用を守るために、人手不足等の企業との間で出向を活用しようとする場合に、双方の企業のマッチングを無料で行ってい

ます。全国47都道府県にセンターの事務所があり、企業からの相談を受け付けています。

(9)　社会保険の取扱い ■■■■■■■■■■■■■■■■■■■■■■■■■

◆厚生年金保険・健康保険

　出向労働者は、出向元企業か出向先企業のうち、使用関係があり報酬が支払われている企業（一方又は双方）で厚生年金保険・健康保険の適用を受けます。

◆雇用保険

　出向元企業と出向先企業の双方と雇用関係を有する出向労働者については、その出向労働者が生計を維持するのに必要な主たる賃金を受けている方の雇用関係についてのみ、雇用保険の被保険者となります。

◆労働者災害補償保険

　出向労働者が出向先企業の組織に組み入れられ、出向先事業主の指揮監督を受けて働く場合は、出向元企業で支払われている賃金も出向先企業で支払われている賃金に含めて計算し、出向先企業で労働者災害補償保険を適用することとなります。

(10)　転籍の検討 ■■■■■■■■■■■■■■■■■■■■■■■■■■

◆転籍とは

　転籍は、別企業への異動であり、出向と異なり異動前の企業との雇用関係が終了し、転籍先との企業との間で労働関係が成立します。転籍の法的性格は、①転籍元と転籍先との協定などに基づき、労働者が転籍元との労働契約を合意解除して、転籍先と新たな労働契約を締結する場合と、②労働契約上の使用者の地位が転籍元から転籍先に譲渡される場合があります。いずれの場合も労働者本人の同意が必要です。

　転籍は、配転とは異なり、異動先は他の企業ですから、幅広に異動先を検討することができます。また、一時的な出向と異なり、転籍は転籍元に戻ることは予定されておらず、終局的な雇用調整となります。

　前述のとおり、転籍に当たっては個別同意を要しますが、同意を得るに当たっての説明内容や転籍条件の合理性・相当性当の事情を考慮して同意の有効性が判断されます。

　したがって、転籍元と転籍先で協議の上、転籍させる労働者本人と面談を行い、転籍先の労働条件等についてよく説明をして理解を得た上で転籍同意書を作成し、転籍元の退職手続、転職先の入社手続を進めるのが肝要であると思われます（中山達夫「配転・出向・転籍－該当者への丁寧な説明の徹底」ビジネス法務20号64頁（2020））。

◆転籍者の退職給与

　転籍者に係る転籍に伴う退職給与の支給形態は、次の三つに大別できます。

① 　転籍時に転籍者本人に退職給与を支給する。

② 　転籍時に転籍後の法人に対して退職給与相当額を引き継ぐ。

③ 　転籍後の法人を退職する際に、転籍前の法人と転籍後の法人がそれぞれの在職年数に応じて退職給与を負担する。

　上記③の場合のように、転籍者の退職給与について転籍前の法人の在職年数を通算して支給することとしている場合には、その負担区分等に基づいて転籍前の法人及び転籍後の法人がその転籍者に対して支給した退職給与の額は、たとえ相手方の法人を経て間接的に支給されるものであっても、それぞれの法人における退職給与として取り扱われます（法基通9－2－52）。すなわち、転籍前及び転籍後の法人が退職者に支給した退職給与は、それぞれの法人の損金となります。

　なお、その支給した退職給与のうち、明らかに相手方法人の支給すべきものと認められる部分の金額については、相手方法人に対する贈与とされます（法基通9－2－52）。

4　希望退職の検討

（1）　希望退職の特徴 ■■■■■■■■■■■■■■■■■■■■■■■■■■

　希望退職は、短期間のうちに大幅な人員削減を実現するための手段として代表的なものです。希望退職は合意による退職であることから、整理解雇と異なり、後に紛争化し、効力が否定されるといったリスクが少ない反面、企業に必要な人材までも退職してしまうことや予定どおりの社員数が退職しないというリスクもあります。希望退職や退職勧奨については、我が国ではこれらの措置を直接的に規制する法令はないので、会社が従業員の同意を得ることを前提として労働契約の解消を働きかける施策となります。

（2）　希望退職の実施 ■■■■■■■■■■■■■■■■■■■■■■■■■■■

◆希望退職プランの設計

　希望退職プランの設計に当たっては、希望退職の目的、応募可能な対象者、退職日、募集人員、募集期間、退職条件、応募フローの決定があります。また、会社に残ってほしい従業員が応募した場合に、会社が拒否権を行使できるような適用除外の条件も付すことも検討すべきと考えます（希望退職に応募した従業員に対し、会社が承認・承諾をせず退職時の優遇措置の適用を認めないことの適否について裁判例があります（浅野工業事件（東京地判平3・12・24労判602・18）、津田鋼材事件（大阪地判平11・12・24労判782・47）、大和銀行事件（大阪地判平12・5・12労判785・31）、日本オラクル事件（東京地判平15・11・18労判862・90）など）。）。

◆希望退職募集の説明の仕方や協議

　希望退職募集の発表、説明の仕方も重要です。社長がWEB会議で全事業所に説明するなどの方法で一斉に公表して公平性を担保するとともに、希望退職募集を行う理由、現在の会社の状況、今後の見通し等を丁寧に説明し、従業員に適切な情報提供を行うよう努めましょう。労働組合がある場合には、労働協約の内容によっては、労働組合との協議も必要となることがあります（竹平征吾ほか編『新型コロナウイルスと企業法務』208頁（商事法務、2021））。

5　退職勧奨の検討

（1）　退職勧奨とは ■■■■■■■■■■■■■■■■■■■■■■■■■■■■

　退職勧奨は、特定の従業員に退職を促す行為です。希望退職と異なり、個別の従業員に対し退職を勧めるものです。解雇ではなく、「合意の退職」ですから、会社には、解雇の予告、又は解雇予告手当の支払義務はありません。希望退職の募集と併せて、若しくは、希望退職の募集は行わず、退職勧奨を実施することもあります。

　退職勧奨自体を直接的に規制する法令はありませんので、企業はこれを自由に行うことはできますが、退職勧奨の方法が、その回数、時間数、人数、具体的な発言等により総合的に見て社会通念上許容できる程度を超え、従業員の自由意思を侵すものである場合には、その退職勧奨は不法行為を構成し、損害賠償責任を負うことがあります（日本アイ・ビー・エム事件（東京地判平23・12・28労経速2133・3））。

(2) 退職勧奨の会社のメリット ■■■■■■■■■■■■■■■■■■■■■■■■

退職勧奨も希望退職と同じく、合意による退職であることから、整理解雇と異なり、後に紛争化し、効力が否定されるリスクが少ないことがメリットとしてあげられます。また、会社側が退職勧奨対象者を選べることから、優秀な従業員が流出してしまうということもありません。

(3) 退職勧奨の取扱いと従業員のメリット ■■■■■■■■■■■■■■■■

会社が退職勧奨を行う場合、従業員が勧奨に応じやすいように、下記の取扱いを検討します。

① 何か月分かの賃金を補償する。

② 退職金が「会社都合による退職」として、自己都合退職の場合より高くなる。

③ 通常の退職時の退職金に一定額の上積みを行う。

④ 会社が再就職のあっせんを行う。

このほか、従業員にとっては、自分の意思による退職なので、経歴に傷がつかず、再就職しやすいことや雇用保険の離職票に「会社都合」と記載されるので、2か月間の給付制限を受けず、すぐに失業給付を受け取ることができます。

(4) 退職合意書の作成 ■■■■■■■■■■■■■■■■■■■■■■■■■■■

退職の合意が成立したら、退職合意書を書いてもらいます。後日のトラブルを避けるために、合意書を書面で取っておくことが大切です。

6 整理解雇の検討

(1) 解雇とは ■■■■■■■■■■■■■■■■■■■■■■■■■■■■■■■■

解雇とは、会社が従業員との間に結んだ労働契約を、一方的に解除することです。従業員本人の同意は必要とされていません。解雇は普通解雇と懲戒解雇の二つに分けることができます。

普通解雇は、次のいずれかの場合に行われます。

①　労働者が傷病等の理由で労務提供ができないことや、労働者側の能力・適格性のなさを理由とする場合

②　使用者の経営上の必要に基づく場合（整理解雇）

懲戒解雇は、労働者が重大な職場秩序違背の行為による場合に、その制裁として労働契約を解約します。

解雇が有効と認められるためには、次の4要件が必要とされています。

①　法律で定められている解雇禁止事由（労働基準法、雇用の分野における男女の均等な機会及び待遇の確保等に関する法律、労働組合法、育児休業、介護休業等育児又は家族介護を行う労働者の福祉に関する法律及び公益通報者保護法による禁止事由）に該当しないこと

②　従業員に解雇予告を30日以上前にするか、これに代わる解雇予告手当（30日分の平均賃金）を支払うこと（労基20・21）

③　就業規則や労働契約に規定する解雇事由、解雇手続に従っていること

④　解雇理由に合理性、相当性があること（労契16）

(2)　整理解雇の4要素 ■■■■■■■■■■■■■■■■■■■■■■■■■■■■■

整理解雇とは企業が経営上必要とされる人員削減のために行う解雇をいいます（菅野和夫『労働法［第12版］』793頁（弘文堂、2019））。整理解雇については、判例上、以下の4要素を総合考慮の上、権利濫用に該当するかを判断するという枠組みが用いられています（代表的なものは、東洋酸素事件（東京高判昭54・10・29労民30・5・1002））。

①　人員削減の必要性

②　解雇回避努力義務

③　人選の合理性

④　手続の相当性

(3)　人員削減の必要性 ■■■■■■■■■■■■■■■■■■■■■■■■■■■■■

人員削減の必要性とは、企業の縮小、整備、合理化計画を内容とする人員削減措置の実施が、不況や経営不振等による企業経営上の十分な必要性に基づいていること、あるいは企業の合理的な運営上やむを得ない措置と認められることをいいます。裁判所は、企業の経営判断を尊重して司法審査を控える裁判例が多く、企業が全体として

経営危機に陥っていなくても、経営合理化や競争力強化のために行う人員整理に必要
性を認める例が増えてきている（菅野・前掲798頁）といわれています。

　ただし、整理解雇を実施した後で、大幅な賃上げや高配当、又は大量採用を行うな
ど整理解雇と矛盾した行動をとった場合は、その整理解雇は無効とされます（クレディ・
スイス事件（東京地判平23・3・18労判1031・48）、泉州学園事件（大阪高判平23・7・15労判1035・
124））。

（4）　解雇回避努力義務 ■■■■■■■■■■■■■■■■■■■■■■■■■■■■■

　解雇回避努力義務とは、人員削減の手段として整理解雇を選択することの必要性、
つまり、解雇を回避するために努力を尽くしたか、ということをいいます。どの程度
の解雇回避努力が求められるかは、企業規模や従業員構成、経営内容や経営状況等に
異なります。コロナ禍による倒産の危機や高度の経営危機の状況下で行う場合は、多
額の出費や多くの時間をかけることはできませんが、従業員の整理解雇をする前に最
大限の解雇回避措置をとる必要があります。また、国の雇用調整助成金や産業雇用安
定助成金等の利用の検討もしておくべきでしょう。

　解雇回避のために具体的な実施しておくことは次のとおりです（布施・前掲170頁参
照）。

① 　広告費・交際費等の経費削減
② 　時間外労働・休日労働の削減
③ 　従業員の休業（自宅待機）・労働時間短縮の実施
④ 　雇用調整助成金・産業雇用安定助成金の活用
⑤ 　国・地方自治体の給付金や、金融機関の支援策等の活用
⑥ 　新規採用の抑制
⑦ 　余剰人員の配転や出向・転籍
⑧ 　役員報酬のカット・不支給
⑨ 　管理職手当のカット・不支給
⑩ 　従業員の賞与のカット・不支給
⑪ 　ベースアップ・定期昇給の抑制・停止
⑫ 　その他の賃金・労働条件の引下げ
⑬ 　外部委託業務の打切り
⑭ 　派遣労働者の受入れ、使用の中止

⑮　パートタイマー・期間労働者（契約社員）の雇止め、解雇、正社員の採用内定の取消し

⑯　希望退職者の募集

(5)　人選の合理性 ■■■■■■■■■■■■■■■■■■■■■■■■■■■■■■

◆人選の合理性とは

　人選の合理性とは、客観的で合理的な基準を設定し、これを公正に適用して行うことを要するとするものです。具体的には、①整理解雇対象者の選定基準が設けられていること、②設けられた選定基準に合理性が認められること、③選定基準が公平に適用されたこと、が求められます。

◆合理性が認められる選定基準とは

　上記②の合理性が認められる選定基準とは次の⑦から⑨までの者を優先して対象者とすることです。

⑦　企業との密着度

　パートタイマー、契約社員など非正規社員を正社員より先に整理解雇の対象とします。正社員の内定の取消しを先に行った後に、正社員の整理解雇をします。

⑦　労務の貢献度

　対象者の選定基準として、企業秩序を乱す者、職務怠慢な者、欠勤の多い者などがあげられます。しかし、人事考課を基準とする場合、人事考課自体の合理性、手続の適正性が裁判で争われることが多くあります。

⑨　労働者の被害度

　他に収入がある、共稼ぎで子供がいないなどの場合がこれに該当します。ただし、この判断基準の場合、「有夫の女性」「30歳以上の女性」といった基準を設けることは、雇用の分野における男女の均等な機会及び待遇の確保等に関する法律における差別取扱いとなり、その整理解雇は無効となります。

(6)　手続の相当性 ■■■■■■■■■■■■■■■■■■■■■■■■■■■■■■

　手続の相当性とは、労働組合又は労働者に対して整理解雇の必要性とその時期・規模・方法につき納得を得るために説明を行い、さらにそれらの者と誠意をもって協議すべき信義則上の義務を負うとするものです。

　通常は、解雇回避措置を可能な限り講じ、対象者本人と協議する時間的余裕を持つために、数か月から半年程度、ある程度早い時期から説明の機会を持つべきです。

　ただし、コロナ禍の影響で急激に業績が悪化し、倒産危機や、高度の経営危機に陥った状況では、時間的余裕がないことも考えられ、そのような場合には、限られた時間の中でも理解を求めるべく真摯な説明をしたといえるように取り組む必要があります。回数を確保できない分、普段よりも具体的かつ丁寧な説明をし、従業員からの質問には可能な限り回答するとか、協議に応じることが必要です。また、こうした説明や協議の内容、経緯は記録化しておくことが有益であると思われます（荒川正嗣「整理解雇－コロナ下での「4要素」充足のための留意点」ビジネス法務10号80頁（2020））。

【参考書式10】出向規程

出向規程（例）

（目的）
第1条　本規程は、当社就業規則第●条の規定に基づき当社の労働者を出向させる場合の取扱いについて定めたものである。
2　当社における出向は、出向先の経営力や技術力の強化、人材の育成、出向先との人事交流、雇用調整等を目的とする。

（適用）
第2条　本規程は、当社の無期契約労働者に適用する。

（定義）
第3条　本規程において、出向とは、当社の労働者が当社に在籍したまま、出向先の業務に従事することをいう。
2　本規程において、出向先とは、関係会社、業務提携会社、関係団体その他当社指定の企業や団体等をいう。
3　本規程において、出向者とは、当社就業規則に基づき出向先に出向する者をいう。

（出向準備等）
第4条　当社の労働者に対して出向を命じる場合には、事前に当該労働者に対し、出向の目的、出向先の名称及び勤務地、出向期間、出向先の業務の内容、出向先の労働条件その他必要な事項について説明を行うものとする。

（出向期間）
第5条　出向者の出向期間は、●年を超えない範囲で当社が個別に決定した期間とする。ただし、出向目的の達成状況や業務上の必要に応じ、出向期間を短縮又は延長することがある。

（出向期間中の当社内の取扱い）
第6条　出向期間中の当社における出向者の身分については、当社人事部付とした上で休職扱い（以下「出向休職」という。）とする。ただし、出向者の出向期間は当社の勤続年数に通算する。

2　出向期間中の当社における出向者の人事評価については、出向先の勤務状況に基づいて当社人事部が行う。また、出向期間中の当社における出向者の昇進及び昇給については、当社に勤務した場合と同等に取り扱う。

3　出向者は、出向期間中に住所、連絡先、氏名、家族その他当社の人事管理上必要とする身上に変更が生じた場合は、当社の定めるところにより当社に届け出なければならない。

（出向者の労働条件等）

第7条　出向者の労働時間、休憩、休日、休暇、服務規律、安全衛生、法定外災害補償、福利厚生並びに出向先での配置転換及び出張については、出向先の定めるところによるものとする。また、年次有給休暇は当社の勤続年数に基づき付与されるが、労働基準法第39条第7項の規定に基づく使用者の年次有給休暇の時季指定義務は出向先が出向先の定めるところにより履行するものとする。なお、出向先の労働時間、休日、休暇の労働条件が当社のものよりも不利益となる場合は、その不利益を解消するよう必要な措置を講じるものとする。また、出向者は、出向期間中においても当社の福利厚生制度を利用できるものとする。

2　出向者の表彰及び懲戒については、出向先の定めるところにより出向先が行うものとする。また、諭旨解雇及び懲戒解雇については、当社の定めるところにより当社が行うものとする。

3　出向者の休職、退職及び普通解雇については、当社の定めるところによる。なお、出向者が出向期間中に休職（出向休職を除く。以下同じ。）、退職又は解雇（懲戒処分としての解雇の場合を含む。以下同じ。）する場合は、当社に復職させた上で休職若しくは退職させ又は解雇するものとする。

4　出向者の賃金（時間外、休日及び深夜労働に対する割増賃金を含む。）については、当社の定めるところにより当社が支払うものとする。ただし、通勤費、交通費及び出張費については、当社と出向先間で別途合意したところによるものとする。

（社会保険等）

第8条　出向期間中の出向者の健康保険、介護保険、厚生年金保険、雇用保険の適用は、原則として引き続き当社において行うものとする。ただし、法令に従って異なる取扱いがなされる場合は、この限りでない。

2　出向期間中の出向者の労働者災害補償保険の適用は、出向先において行うものとする。

（復職）

第9条　出向者が次の各号に該当した場合、当社は当該出向者に対して復職を命じる。

(1)　出向期間が終了したとき

(2)　出向の目的を達成したとき又は出向の目的が消滅したとき

(3)　心身の故障等出向先での労務提供が困難なとき

(4)　当社の休職事由、普通解雇事由、懲戒事由に該当したとき

(5)　出向期間中に当社を退職するとき

(6)　前号に掲げる事由のほか復職させるべき理由があるとき

2　復職を命じられた出向者はこれに従わなければならない。

3　当社への復職後の出向者の所属は、業務上の都合もしくは出向者の能力、経験、技能、希望等を総合的に勘案の上決定する。

（その他）

第10条　出向の取扱いについて本規程に定めのない場合は、その都度当社において必要な措置を講じるものとする。

附　　則

本規程は　年　月　日より施行する。

（厚生労働省「在籍型出向「基本がわかる」ハンドブック」17・18頁）

【参考書式11】出向契約書

出向契約書（例）

　○○○○株式会社（以下「甲」という。）と○○○○株式会社（以下「乙」という。）とは、甲の労働者を乙に出向させるに際し、その取扱いについて下記のとおり契約（以下「本契約」という。）を締結する。

（定義）
第1条　本契約において、出向とは、甲の労働者を甲に在籍させたまま、乙の労働者として乙の業務に従事させることをいう。
2　本契約において、出向者とは、乙に出向する甲の労働者をいう。

（出向元及び出向先の名称及び所在地）
第2条　出向元たる甲と出向先たる乙の名称及び所在地は以下のとおりである。
　　［出向元（甲）］名称　○○○○株式会社
　　　　　　　　　　所在地　○○県○○市○○○丁目○番○号
　　［出向先（乙）］名称　○○○○株式会社
　　　　　　　　　　所在地　○○県○○市○○○丁目○番○号

（出向者及び出向期間）
第3条　出向者及び出向期間は以下のとおりとする。なお、出向期間の短縮又は延長をしようとする場合は、甲乙協議の上、書面による合意により決定し、甲は決定内容を出向者に通知するものとする。
　　［出　向　者］○○○○（昭和○○年○○月○○日生）
　　［出向期間］令和○○年○○月○○日から令和○○年○○月○○日（○年間）

（出向形態等）
第4条　出向者は、出向期間中、甲の労働者として甲に在籍したまま、乙の指揮命令下において乙の業務に従事する。
2　出向者は、出向期間中、甲において休職扱いとする。ただし、出向者の出向期間は甲の勤続年数に通算する。

（二重出向の禁止）
第5条　乙は、出向者を乙以外の会社へ出向させてはならない。

（出向者の業務等）

第6条　乙における出向者の勤務地、所属、役職及び業務内容は以下のとおりとする。な
　　お、乙は、これらの事項を変更する場合は、甲の事前の書面又は電子メールによる承
　　諾を得るものとする。

　　［勤　務　地］○○○○

　　［所　属］○○○○

　　［役　職］○○○○

　　［業務内容］○○○○

2　乙は、甲指定の方法に基づき、出向者の勤務状況その他甲指定の事項を翌月○日まで
　　に甲に報告するものとする。

（出向者の労働条件等）

第7条　出向者の労働時間、休憩、休日、休暇、服務規律、安全衛生、法定外災害補償、
　　福利厚生並びに乙での配置転換及び出張については、乙の定めるところによるものと
　　する（ただし、出向者が出向期間中に甲の福利厚生制度を利用することを妨げない。）。
　　なお、年次有給休暇は甲の勤続年数に基づき付与されるが、労働基準法第39条第7項の
　　規定に基づく使用者の年次有給休暇の時季指定義務は乙が負うものとし、その取扱い
　　については乙の定めるところによるものとする。

2　出向者の表彰及び懲戒については、乙の定めるところにより乙が行うものとする。
　　また、諭旨解雇及び懲戒解雇については、甲の定めるところにより甲が行うものとする。

3　出向者の休職、退職及び普通解雇については、甲の定めるところによる。

4　出向者の賃金（時間外、休日及び深夜労働に対する割増賃金を含む。）については、
　　甲の定めるところにより甲が出向者に直接支払うものとする。ただし、通勤費、交通費
　　及び出張費については、乙の定めるところにより乙が出向者に直接支払うものとする。

5　乙は、出向時に、出向者に対して労働条件を明示するものとする。ただし、甲は、甲
　　乙協議の上、乙に代わって出向者に対して労働条件の明示を行うことができる。

（安全衛生の措置等）

第8条　出向者に対する安全衛生の措置（定期健康診断その他の労働安全衛生法上の措
　　置を含む。）は、乙の負担により乙が実施する。

（社会保険等）

第9条　出向期間中の出向者の健康保険、厚生年金保険、介護保険及び雇用保険について
　　は、甲において被保険者資格を継続させ、その事業主負担分の保険料は甲が負担する。

2　労働者災害補償保険については、乙において加入し、その保険料は乙が負担する。

（出向先の給与負担金等）

第10条　本件出向に伴う給与負担金として、甲が第7条の定めに基づき出向者に支払っ

た賃金（時間外、休日及び深夜労働に対する割増賃金を含む。）に相当する額を乙が全
　額負担する。ただし、月の途中に出向が開始し、又は終了した場合の当該月の給与負
　担金については日割り計算とする。

2　乙は、甲に対して、前項に定める給与負担金を当月末日までに甲の指定する下記銀行
　口座に振り込むものとする。なお、振込手数料は乙の負担とする。

　　　［銀 行 名］○○銀行
　　　［支 店 名］○○支店
　　　［口座種別］普通
　　　［口座番号］○○○○○○○
　　　［口座名義］○○○○株式会社

（復職）

第11条　出向者が次の各号に該当した場合、甲は当該出向者に対して復職を命じるもの
　　とする。

(1)　出向期間が終了したとき

(2)　出向の目的を達成し又は出向の目的が消滅したと甲が判断したとき

(3)　心身の故障等乙での労務提供が困難であると甲が判断したとき

(4)　甲の休職事由、普通解雇事由、懲戒事由に該当したと甲が判断したとき

(5)　出向期間中に甲を退職するとき

(6)　前号に掲げる事由のほか復職させるべき理由があると甲が判断したとき

（機密保持）

第12条　甲及び乙は、本契約期間中に知り得た相手方の業務上の情報その他の機密情報
　　（次の各号に該当するものを除く。以下「機密情報等」という。）を、相手方の書面に
　　よる事前の同意を得ることなく、第三者に提供、開示又は漏洩してはならず、本契約
　　を履行する以外の目的に使用してはならない。

(1)　開示を受けた時点で既に保有している情報

(2)　開示を受けた時点で既に公知であった情報

(3)　開示の前後を問わずその責に帰すべき事由によらずに公知となった情報

(4)　開示の前後を問わず正当な権利を有する第三者より適法に入手した情報

(5)　開示された情報に基づかずに独自に開発した情報

2　前項の規定にかかわらず、甲及び乙は、裁判所又は行政機関の命令、要請等により要
　求される場合には、当該要求に対応するのに必要な範囲で機密情報等を開示すること
　ができる。ただし、甲又は乙は、当該要求を受けた旨を相手方に遅滞なく通知するもの
　とする。

3　甲及び乙は、機密情報等の滅失、毀損又は漏洩のないようその責任において万全に機
　密情報等を保管するものとし、本契約が終了した場合において、相手方から機密情報等

について返却又は破棄（電磁的記録の場合は削除）を指示されたときは、その指示に従い返却又は破棄（電磁的記録の場合は削除）をするものとする。

4　本条の規定は、本契約終了後もなお有効とする。

（個人情報）

第13条　甲及び乙は、出向者の個人情報の取扱いに関しては、個人情報の保護に関する法律、関連法令及びガイドラインを遵守し、当該個人情報の保護に努めるとともに、当該個人情報を出向者の雇用管理及び業務に必要な範囲についてのみ使用し、当該個人情報の滅失、毀損又は漏洩のないよう必要かつ適切な措置を講じるものとする。

（有効期間）

第14条　本契約の有効期間は、第3条の規定に定める出向期間が終了するまでとする。

（合意管轄）

第15条　本契約に関する一切の紛争については○○地方裁判所を第一審の専属的合意管轄裁判所とする。

（協議事項）

第16条　本契約の定めなき事項及び本契約の解釈適用につき疑義が生じたときは、甲乙協議の上誠意をもって解決にあたるものとする。

2　本契約を変更する場合は、甲乙協議の上、書面による合意による。

　　本契約締結の証として本書2通を作成して甲乙記名押印の上各自1通保有する。

令和○○年○○月○○日

　　　　　　　　　　　　　　　　　甲　○○県○○市○○町○丁目○番○号
　　　　　　　　　　　　　　　　　　　○○○○株式会社
　　　　　　　　　　　　　　　　　　代表取締役社長　○○○○　㊞

　　　　　　　　　　　　　　　　　乙　○○県○○市○○町○丁目○番○号
　　　　　　　　　　　　　　　　　　　○○○○株式会社
　　　　　　　　　　　　　　　　　　代表取締役社長　○○○○　㊞

（厚生労働省「在籍型出向「基本がわかる」ハンドブック」22〜24頁）

第 7 章

その他の経費・売上高
の見直し

180

＜フローチャート～諸経費の削減・売上高の検討＞

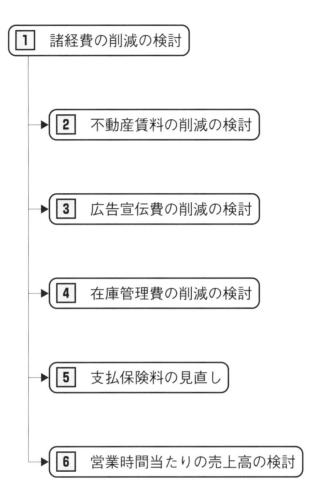

1　諸経費の削減の検討

(1)　経費削減の必要性認識と概要把握 ■■■■■■■■■■■■■■■■■

　諸経費見直しの必要性を把握する上で、市場分析、顧客状況、将来性の見込み、短期・中期・長期分析は重要です。その上でコスト分析（時系列分析・効果測定）を行います。さらに、①前年対比、②損益分岐点売上高、③ROI及び④マーケティング方法などを把握します。その上で、削減対象の把握を把握します。この時、影響力・効果・実行可能性などの観点から把握します。

　そして、削減目標値の設定を行い、削減方法を考えていきます。その際に、会社や事業主の文化・風土・経営理念・経営戦略に沿っているか、売却・交換・コストカット・代替案の模索・従業員のモチベーションの検討を合わせて行います。また、新たなシステム導入やソフト購入あるいは電子化など新規設備投資を行うか、あるいは既存の設備・システムの改修・修繕を行うかどうかを検討します。

　その他の経費の見直しをしていく上では、まず、諸経費を個別に吟味して、各費目別に諸経費の見直しを図る必要があるかどうかを把握する必要があります。その際に、単に費目を個別に見ていくだけでなく、例えば、市場の分析、顧客の状況、将来性の見込みなどを、短期・中期・長期的な視点から見て分析していく必要があります。その上で、費目を個別的に分析して削減の有無を検討していくことが必要です。

　例えば、市場の分析については、今後の販売見込みや需要予測を明らかにし、顧客の状況については、商品やサービスの売れ筋の傾向や、顧客の財務状況や販売状況などを分析していく必要があります。また、将来性の見込みについては、市場や商品のライフサイクルや業界の動向、経済情勢などを見極める必要があります。また、このような分析を行う際には、短期・中期・長期的な視点から分析作業を行っていく必要があります。

(2)　コスト分析（時系列分析・効果の測定）■■■■■■■■■■■■■

　続いて、コスト分析を行います。その際に、時系列による分析や、削減の効果を測定する必要があります。そのような分析の手段として、①前年対比、②損益分岐点売上高、③ROI及び④マーケティングなどがあります。

① 前年対比

　前年対比は、過去の財務比率との比較を行う方法です。前年対比を行うことにより、

売上高に比して該当削減経費の比率がどのような状況にあるのか、削減をした場合に損益にどのような影響をもたらすのかを把握することが可能となります。もちろん、前年以前のデータとの比較も有用です。

② 損益分岐点売上高

損益分岐点売上高は、売上高と費用の額が等しくなり、損益がゼロとなる点です。黒字と赤字の境目であり、固定費÷限界利益率から求められます。削減対象の費目が、固定費と変動費のいずれに属するのか、また、削減された場合に損益分岐点にどのように影響するのかを把握する必要があります。

③ ROI

ROIは投資利益率で、投下資本に対する利益の割合です。このROIにより、投資効率を分析することが可能です。費用を削減することによって、ROIはどのように変遷するかを見極めていく必要があります。

④ マーケティング

マーケティングは、顧客が求める商品やサービスなどの市場の需要予測をすることによって、削減効果を測定することが可能となります。

(3)　どのような経費を見直すか（削減対象の把握）■■■■■■■■■

続いて、コスト分析により得られた結果を基に、削減対象の費目をターゲッティングしていきます。その際に重要なのが、その費目削減による効果や影響力を再度確認しておくことです。

(4)　いくらくらい見直すのか（削減目標値の設定）■■■■■■■■■

どのような経費を見直すか、費目をターゲッティングできた場合には、その費目をいくらくらい見直す必要があるのか、あるいは削減する必要があるのかを考える必要があります。

(5)　どのような方法で見直すのか（削減方法の選択）■■■■■■■■■

最後に、どのような方法で見直すのか検討する必要があります。経費を削減するといっても、ダイレクトにコストカットをするだけでなく様々な方法があります。例えば、会社・事業主の文化・風土、経営理念、経営戦略に沿っているかどうかを見極めた上で、売却・交換・コストカット・代替案の模索・従業員のモチベーションといったことも併せて検討する必要があります。

　コストカットの方法としては、直接に費目を削減するだけでなく、その他にも、新たなシステム導入やソフト購入あるいは電子化など新規設備投資を行うか、あるいは現状の設備・システムの改修・修繕を行うなどの代替案も検討する必要があります。

2　不動産賃料の削減の検討

(1)　賃料削減の検討に当たって■■■■■■■■■■■■■■■■■■■■

　不動産賃料削減の検討を行う際には、まず、賃料が妥当かどうかを検討する必要があります。その際に、業種によっても異なりますが、賃料が、例えば、小売業だと売上高の2〜6％、飲食業だと売上高のおおむね10％以内に抑えることが、一応の目安とされています。

　一般的に、本店や支店あるいは出張所などの事務用の賃貸物件の賃貸契約期間は2〜3年のケースが多く、また、賃貸に当たっては、基本賃料と共益費などの付随費用負担部分で構成されているケースが多いです。この他にも、事業用貸付けの場合、保証金などによって一定金額を積み立てる場合があります。また、その場合に保証金を一部ないし全額償却する方法などがあります。また、一部免責期間（フリーレント期間）を設けて、一定期間賃料を免除するケースもあります。そこで、当該不動産賃貸によるキャッシュアウトはいくらであるかを把握していく必要があります。

(2)　賃料の妥当性の検討■■■■■■■■■■■■■■■■■■■■■■■■

　そして、賃料の妥当性を検討します。その際に近年では、インフラの整備はもとより、耐震性や自家発電装置などがあるかどうか、緊急時災害時における対応なども当然に加味して検討します。

　賃料の妥当性を検討するに当たっては、場合によっては不動産鑑定士に鑑定を依頼する方法もありますが、これには鑑定料というコストが発生するので注意が必要です。

　また、賃料本体が妥当であっても、賃料以外の賃貸に伴い発生するコスト、例えば、共益費や水道光熱費、清掃代、管理費などの付随費用の請求は妥当かどうかも含めて検討する必要があります。

　売上高に占める賃料の割合について、どの程度の規模が妥当かということは、会社の規模や業種ないしは付加価値比率によって異なるので一概には言えませんが、小売業だと2〜6％、飲食業だとおおむね10％以内に抑えることが、一応の目安とされています。

(3)　賃料が妥当でない場合 ■■■■■■■■■■■■■■■■■■■■■■■■■

　そして、賃料が妥当でなければ、賃料削減交渉を行います。この場合、不動産仲介業者に依頼して交渉することも視野に入れておく必要があります。ただし、仲介料や更新手数料を請求されますので、その点も忘れてはなりません。

　最近は、コロナ禍により在宅勤務やリモートワークが増えて、オフィススペースがあまり必要でなくなっているケースが多いため、移転を含めた代替案を検討する必要もあるでしょう。あるいは、リモートワークや組織再編も検討し、今までよりも狭いスペースで事業展開が行えるかどうかを併せて検討していくことも重要です。

3　広告宣伝費の削減の検討

(1)　広告宣伝費の削減に当たって ■■■■■■■■■■■■■■■■■■■■

　広告宣伝の媒体は、テレビ、ラジオ、新聞、雑誌、折込広告、カタログ、チラシなどに加えて、最近は、SNSなどによるデジタル広告も増えてきました。広告宣伝の目的は、広告宣伝により多くの人に自社の製品やサービスを認知してもらい、売上高の増加や自社のイメージアップに繋げることにあります。しかし、広告宣伝費と売上高の相関関係を厳密に測定することは至難の業であり、具体的にリンクさせることは困難です。だからといって、広告宣伝費をむやみやたらに削ることは避けるべきです。効果の測定が完全でなくても、種々な方法により、効果の測定を行う方法はあります。例えば、広告調査会社に依頼したり、顧客へのアンケートを実施したりすることにより、相対的な効果を把握することが可能です。その上で、将来の経営戦略に合致するのかどうかを再検討していく必要があります。

(2)　広告宣伝費の効果があるとき ■■■■■■■■■■■■■■■■■■■■

　広告宣伝の効果が明確であり、その効果があるといった場合には、原則として広告宣伝費を見直す必要はありません。しかし、その広告が、自社の将来的な経営戦略に合致しているかどうかを確認したり、時代のトレンドに合致しているかどうかのアンテナを張ったりしておく必要があります。

(3)　広告宣伝費の効果がないとき ■■■■■■■■■■■■■■■■■■■

　広告宣伝に対する費用対効果がない場合には、代替案を検討するか、その広告宣伝自体から撤退することを検討する必要があります。

4　在庫管理費の削減の検討

(1)　在庫が妥当かどうか ■■■■■■■■■■■■■■■■■■■■■■

　在庫管理の目的は、適正在庫によるコスト削減ばかりでなく、欠品を生じないようにすることによって顧客の満足度を上げることにもあります。また、それによって売上高を増加させることも可能です。適正在庫管理は、無駄な在庫を取り除くため、倉庫やストレージにかかるコストを節約でき、商品の廃棄損を減少させて、結果キャッシュフローをよくすることが可能となります。また、適正在庫は在庫の陳腐化や劣化を防止することも可能であることから、商品や製品の品質維持に貢献することになります。

(2)　在庫が妥当である場合 ■■■■■■■■■■■■■■■■■■■■■

　現在の在庫が妥当でも、在庫を維持するための在庫管理維持費用などは妥当か検討して、妥当でない場合に倉庫の移動を含めて、ロジスティクス（流通）戦略や在庫維持管理費用の見直しを図る必要があります。また、現在の在庫は妥当でも、将来に向けての在庫が妥当かどうかを検討しておく必要があります。

(3)　在庫が妥当でない場合 ■■■■■■■■■■■■■■■■■■■■■

　適正在庫の計算方法を把握して、自社の数字を当てはめて、適正在庫を計算します。在庫管理には現品管理とデータ管理があります。現品管理は、在庫の保管方法が中心となります。「必要な時に必要な分だけ」を確保してタイムリーに在庫を使用することが必要となります。

　在庫管理はABC分析が基本的な分析方法です。ABC分析は、在庫商品の金額や売上などの指標から重視する評価軸を決めて、分類・管理・分析する方法です。販売のウエイトが大きい品目に重点的に経営資源の配分が可能となります。具体的には、品目ごとに単価と数量をかけて在庫金額をかけて全体の累積額を出し累積比率を求め

て、パレート図を算出して在庫金額に占める割合を求め、そこからターゲットとなる商品を求める方法です。

5 支払保険料の見直し

(1)　支払保険料の見直し ■■■■■■■■■■■■■■■■■■■■■■■■

保険料の支払がある場合に、目的（リスク）と保障内容を検討します。目的に適っているか、あるいは、保障内容は十分であるかどうかを検討します。保険といっても、損害保険と生命保険がありますので、それぞれの目的と特性に合わせた保障内容を個別に検討していく必要があります。

(2)　目的に適っており、保障内容が十分な場合 ■■■■■■■■■■■■■

加入している保険が、目的に適っており、保障内容が十分であっても、代替保険商品があるかどうかを検討します。代替保険商品の方が有利である場合には、契約変更を検討します。また、保障内容が十分であっても、保障内容が重複していないかどうかについて検討します。

(3)　目的に適っていない場合や保障内容が十分でない場合 ■■■■■■■

加入している保険が目的に適っていない場合には、解約や見直しあるいは減額を検討します。保障内容が十分でない場合には、保障内容を十分に満たすような保険商品の見直しを検討するか追加保障を模索する必要があります。経営状況が良くないことが前提となっているので、保険料の増加は極力避けていきたいところです。そこで、リスクと保障のバランスの見直しも検討する必要が出てきます。

6 営業時間当たりの売上高の検討

営業時間当たりの売上高を検討していきますが、このケースでは営業店舗を中心とした、営業時間と売上高の関係について検討します。経営危機を迎えると、今までどおりの営業時間や客単価でいいかどうかを検討する必要が出てきます。そこで、営業時間当たりの売上高が妥当かどうかを検討するために、時間ごと・曜日ごと・月ごと

の来店者数や客単価が伸びる余地はあるか分析します。ただし、議論を明確化するために、営業時間と売上高のみに着目して、人件費やコストの削減はここでは所与として考えます。

(1)　来店者数・客単価の双方が伸びる余地がある場合 ■ ■ ■ ■ ■ ■ ■ ■

　来店者数や客単価をどのように増やしていくかの方策を考えます。例えば、来店者数を増加させたい場合には、来店者の年齢層・嗜好癖・所得層・トレンドや特徴等を分析して、その顧客の傾向に合わせた販売方法をとる方策を考えて行く必要が出てきます。

(2)　来店者数・客単価の片方のみしか伸びる余地がない場合 ■ ■ ■ ■ ■

　来店者数・客単価の片方のみしか伸びる余地がない場合には、現状で来店者数のみの増加が見込める場合は来店者数を、あるいは客単価のみの増加が見込める場合には客単価が増加できるような方策を考えます。いずれの場合も、顧客の年齢層・嗜好癖・所得層・トレンドや特徴等を分析する必要があります。

　その上で、来店者数・客単価の片方のみしか伸びる余地がない場合においては、それぞれ伸びる方の単位を増加するような方策を検討します。

　例えば、来店者数を増加させるには、広告宣伝などによっても増加しますが、コストパフォーマンスも意識しなければなりません。コストが比較的低く抑えられるホームページやSNSなどを利用して、コストを抑えて広告宣伝を行う方法もあるので、そのような方策も検討します。広告宣伝だけでなく、店舗や会社のレイアウトなど、顧客が興味を引くようなデザインや仕組みを考えていくことも重要です。また、客単価を増加させるには、客が好むようなアイテムを追加するなど、顧客の嗜好を分析して、客単価の増加に繋がる方策を考えます。

(3)　来店者数・客単価の伸びる余地がない場合 ■ ■ ■ ■ ■ ■ ■ ■ ■ ■ ■ ■

　来店者数・客単価の伸びる余地がない場合には、営業時間の見直しを行います。時間帯、曜日、月間の売上高の傾向を参考にして、採算点を割る場合は、閉店や時間短縮を検討します。営業時間を見直ししていく際には、人件費やコストなどの見直しも同時に検討する必要が出てきます。

第 8 章

会社の再建又は清算
の検討

＜フローチャート～再建か清算かの検討＞

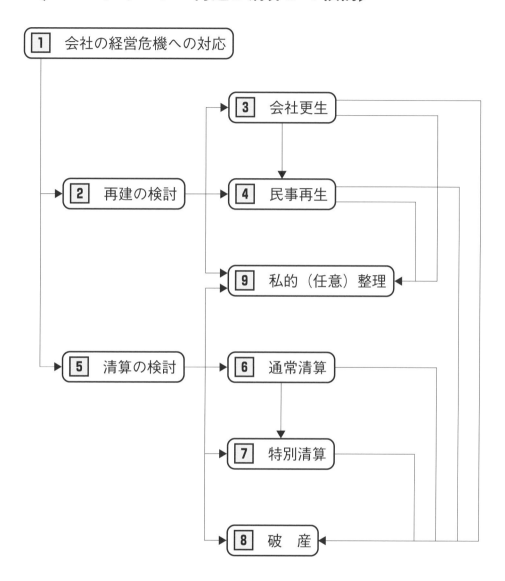

1　会社の経営危機への対応

（1）　経営状況と現状の的確な把握 ■■■■■■■■■■■■■■■■■■■

　会社の経営危機が到来し対応を迫られる中、まず初めに考えていかなければならないことは、経営状況と現状の的確な把握のための調査を行うことです。

　経営状況の現状の的確な把握のための調査を行うには、最低でも、その資料として、財務諸表や税務申告書は欠かせないものです。なかでも損益計算書、貸借対照表、資金繰計算書、法人税・消費税申告書等が重要となります。この他にも、現状を把握する上では、経済状況はもとより、業界の動向や、仕入先、得意先の状況、自社の人材状況など、また不動産などの資産については、財産の換価処分価格なども把握しておく必要が出てきます。

　この調査により正確な状況を把握した上で、会社をどのような方向にもっていくのか、例えば、再建するのか清算するのかなどの方向性や、どのような手段によるかを検討して判断していく必要があります。

　会社を再建するのであれば、会社を再建するだけの財政的基盤や人的資源が残っているか、また、会社を清算していくのであれば、どのような方法で清算を行うのか、債権・債務はどのように処理するのか、従業員などの今後の処遇や残余財産の分配方法などを検討する必要があります。

　また、再建をするにしても清算をするにしても、法的な枠組みで行うのか、あるいは私的整理により任意に行っていくのかを検討していく必要があります。

　再建を行っていく場合には、会社更生、民事再生、私的（任意）整理が考えられます。清算を行う場合には、私的（任意）整理、清算（通常清算と特別清算があります。）、破産などの方法が考えられます。どのような手段によるかは、会社の置かれている状況によって異なります。

　そして、同時に会社の役員等がなすべきこと、あるいは絶対にしてはならないこと等について、検討する必要があると考えられます。

　会社の役員等がなすべきこととして、今後の会社の方向性を的確に判断する必要があり、そのための情報取集は欠かせません。一方で、会社の役員等が絶対にしてはならないことは、法令や倫理を遵守しないことです。会社が経営危機に陥ったとしても、法治国家である以上、法令を遵守していかなければならないことはいうまでもありません。

　そこで、本章ではこれらの点につき特に重要な事項について検討をしていきます(なお、「休眠」という方法も考えられますが、本書では「経営危機」を前提としていることから検討の対象外とします。)。

(2)　新規契約等の営業の一時停止の検討 ■■■■■■■■■■■■■■■■

　会社の経営危機の際、漫然と事業を継続すると、危機の程度によっては、新たな取引（契約締結）自体が詐欺罪等の犯罪に該当しかねず、会社役員等の責任（会社423・429、民709）を発生させるリスクも発生させます。

　そこで、会社の経営危機により債務の支払不能や債務超過のリスクが生じた場合には、正確な情報を踏まえて、新規契約等の営業の一時停止を検討する必要が出てきます。

(3)　債権・債務の把握と資金繰りの検討（特に租税債務や税務リスクの把握）■■■■■■■■■■■■■■■■■■■■■■■■■■■■■■

　会社が経営危機に直面した場合に行うべきこととして、債権・債務の把握と資金繰りの計画を検討する必要があります。その中でも、租税債務や税務リスクの把握は、次のような理由から優先的に把握する必要があります。
①　租税債務が破産手続・民事再生手続等で優先されること
　租税債務は、破産手続では優先的破産債権ないし財産債権として扱われ、民事再生手続でも通常の再生債権のような減免の対象とはなりません。
②　租税債務が判明しないと会社の再生か清算かを判断し難いこと
　経営危機にある会社を破産手続により清算すれば、会社の租税債務は消滅しますが（後掲 8 (19))、経営危機にある会社を民事再生等で再生すれば、従来の租税債務が消滅しない上に、債務免除益に対する課税に耐えられない場合も生じ得ます。

　そこで、速やかに、租税の否認リスクを含め、租税債務・税務リスクを検討する必要があります。このような状況を把握した上で、再建に進むか、あるいは清算に進むかを検討していかなければなりません。

2 　再建の検討

　再建を検討していく場合には、会社自体が、将来において自主的に運営を行ってい

くという構想を持ち、事業の継続を視野に入れた検討をしていく必要があります。したがって、事業が継続できるような「道筋」を考えて、実行可能性を模索していかなければなりません。会社自体の状況、債権者の状況、経済情勢などを総合勘案して検討する必要があります。また、会社を再建するという気力や財政基盤もしっかりとしていなければなりません。

　再建の方法には、大きく分けて次の三通りの方法が考えられます。

① 会社更生

　裁判所が関与する、比較的大規模の株式会社のみに適用されて、債権者の権利が強く制限される方法です。

② 民事再生

　裁判所が関与して、全ての法人及び自然人を対象とし、法人については解散せずに事業等の継続を目的とする方法です。

③ 私的（任意）整理

　裁判所が直接関与しないで、私的に整理を図る方法であり、私的整理により再建を目的とする方法があります。

3 会社更生

◆会社更生の概要

　会社更生は、会社更生法による、比較的大規模の株式会社に適用される裁判上の倒産手続です。会社更生法は、窮境にある株式会社について、更生計画の策定及びその遂行に関する手続を定めること等により、債権者、株主その他の利害関係人の利害を適切に調整し、もって当該株式会社の事業の維持更生を図ることを目的としています（会更1）。

　会社更生法は、比較的大規模会社の再建を前提として構築されています。そのため、担保権の実行や一般更生債権（優先債権を含みます。）に対する強制執行は禁止されています（会更50①）。また、国税滞納処分は、原則として、更正決定開始後1年間（裁判所により延期できます。）は、中止されることになります（会更50②③）。これらによって、円滑な会社更生を目指しています。

　会社更生により目的が達成されない場合は、民事再生へ移行するか、破産へ移行するか、私的整理へ移行するかのいずれかの方法を選択していくこととなります。

◆**会社更生と民事再生との類似点**

　会社更生手続は、民事再生と同様、経営危機に陥った会社を再建するための手段であり、会社更生法の条文構成は、民事再生法の条文構成と相当類似しています。

◆**会社更生の大きな特徴**

　会社更生は、民事再生とは異なる以下の特徴等があり、そのことから、例えば、過去においては日本航空などの相当規模の大きい株式会社（適用されるのは民事再生と異なり株式会社のみ）向けの制度であるといえます。会社更生の大きな特徴として次の点があります。

　ア　従来の経営陣が経営権を維持できないこと

　　a　民事再生法では原則として従来の経営陣が経営権を維持すること

　民事再生においては、民事再生開始決定によっては、従来の会社役員等は、原則として経営権（会社財産についての管理処分権）を喪失せず、管財人が選任されて旧経営陣が経営権を喪失するのは、経営人の財産管理が失当である場合等、特に必要がある場合のみとなっています。

　　b　会社更生法では従来の経営陣が経営権を維持できないこと

　会社更生においては、裁判所は、更生手続開始の決定と同時に、一人又は数人の管財人を選任し（会更42①）、更生手続開始決定後、更生会社の事業の経営並びに財産（在外財産を含みます。）の管理処分権利は、管財人に専属します（会更72①）。

　そのため、会社更生法では、更生手続開始決定後、従来の経営陣は、経営権（会社財産の管理処分権）を維持できないことに注意が必要です。

　イ　更生計画が担保権者・株主を含め大がかりになること

　　a　更生計画の要件

　会社更生法は、次に掲げる種類の権利を有する者についての更生計画の内容は、同一の種類の権利を有する者の間では、原則として、それぞれ平等でなければならないと規定し、以下の各権利を列挙します（会更168①各号）。

①　更生担保権

②　一般の先取特権その他一般の優先権がある更生債権

③　②及び④以外の更生債権

④　約定劣後更生債権

⑤　残余財産の分配に関し優先的内容を有する種類の株式

⑥　⑤以外の株式

　　b　民事再生に比して更生計画が大がかりになる理由

　以上のことから、会社更生法は、再生債権者のみならず、担保権者の権利をも変動

させ、株主の権利にも影響を与えて、株式会社を抜本的に再生できるように制度が組み立てられており、更生計画も、民事再生の再生計画に比して、担保権者・株主の権利を含めた含め大がかりなものになります。

　ウ　民事再生に比して議決要件のハードルが格段に高いこと

　　a　更生計画案の決議の方法

　会社更生法196条1項は、「更生計画案の決議は、〔執筆者注：上述の会社更生法〕第168条第1項各号に掲げる種類の権利又は次項の規定により定められた種類の権利を有する者に分かれて行う」と規定しています。

　　b　更生計画の可決の要件

　これを受け、会社更生法196条5項は、「更生計画案を可決するには、第1項に規定する種類の権利ごとに、当該権利についての次の各号に掲げる区分に応じ、当該各号に定める者の同意がなければならない」と規定し、区分ごとに以下の決議要件を列挙しています。

① 　更生債権

　議決権を行使することができる更生債権者の議決権の総額の2分の1を超える議決権を有する者

② 　更生担保権

　次の㋐から㋒までに掲げる区分に応じ、当該㋐から㋒までに定める者

　㋐　更生担保権の期限の猶予の定めをする更生計画案

　　議決権を行使することができる更生担保権者の議決権の総額の3分の2以上に当たる議決権を有する者

　㋑　更生担保権の減免の定めその他期限の猶予以外の方法により更生担保権者の権利に影響を及ぼす定めをする更生計画案

　　議決権を行使することができる更生担保権者の議決権の総額の4分の3以上に当たる議決権を有する者

　㋒　更生会社の事業の全部の廃止を内容とする更生計画案

　　議決権を行使することができる更生担保権者の議決権の総額の10分の9以上に当たる議決権を有する者

③ 　株　式

　議決権を行使することができる株主の議決権の総数の過半数に当たる議決権を有する者

　　c　高いハードルを越すに値する収益見込みが必要であること

　担保権者を含む多くの関係者を納得させるには、民事再生に比して要件が多くハードルが高いため、再生後に収益性が見込まれることが必要になります。

4 民事再生

(1)　民事再生の概要 ■■■■■■■■■■■■■■■■■■■■■■■■■■■■

　民事再生は、民事再生法による、全ての法人及び自然人を対象としており、再建を目指した裁判上の法的倒産手続です。民事再生法は、経済的に窮境にある債務者について、その債権者の多数の同意を得て、かつ、裁判所の認可を受けた再生計画を定めること等により、当該債務者とその債権者との間の民事上の権利関係を適切に調整し、もって当該債務者の事業又は経済生活の再生を図ることを目的としています（民再1）。

　このため、民事再生は、事業を行っていた再生債務者の自主再建を目指し、再生債務者自らが、裁判所の認可の下、事業再生を担う役割を果たします。裁判所は、手続の開始終結等の狭い意味での再生手続の進行を主催します。

　また、民事再生では、再生債務者の財産を管理・利用・処分をするのは、基本的に再生債務者（会社役員の変動がなければ従来経営陣）であり、多くの場合、監督委員がこれを監督します。また、管財人は、再生債務者の財産管理等が失当である場合等必要がある場合にのみ選任されることになります。

　民事再生の目的が達成されない場合は、破産へ移行するか、私的整理へ移行するかのいずれかの方法の選択をしていくこととなります。

(2)　民事再生のメリットとデメリット ■■■■■■■■■■■■■■■■■■

◆民事再生のメリット

　ア　破産と比較した場合

　民事再生においては、破産と異なり、当該会社の事業・雇用契約は当該会社の法人格の下で継続します（ただし、破産手続においても、管財人が裁判所の許可を得て事業譲渡をして従業員の雇用を維持する余地はあります。）。

　破産と比した民事再生の最大のメリットは、従来の役員等が経営権（従来の役員等の生活の糧）を維持できることです。

　破産手続の場合には、破産手続開始決定とともに、会社財産の管理処分権は管財人に専属し、従来の役員等は経営を行うことができなくなります。

　イ　会社更生と比較した場合

　会社更生では、更生手続開始決定とともに会社財産の管理処分権は管財人に専属するのに対し、民事再生では、原則として従来の役員等に会社財産の管理処分権が残存

し、従来の経営陣が経営権（従来の役員等の生活の糧）を維持できるメリットがあります。

◆民事再生のデメリット

民事再生は、破産や清算とは異なり、債務の減額に債権者集会の可決が必要であり、再生計画が可決・認可されても債務は残存し、その後、再生計画どおり債務を返済しつつ、他の会社と競争して会社を運営する必要があります。

(3)　民事再生を担う組織形態 ■■■■■■■■■■■■■■■■■■■■■

民事再生においては、民事再生の遂行のため、次のような機関が次の役割を果たします。

◆再生債務者の権限

民事再生においては、再生債務者が再生を担う権限を有することになります。この場合の再生債務者とは、経済的に窮境にある債務者（経営危機にある会社）であって、その者について、再生手続開始の申立てがされ、再生手続開始の決定がされ、又は再生計画が遂行されているものといいます（民再2①一）。

再生債務者の権限としては、原則として、再生債務者の業務の遂行並びに財産の管理及び処分をする権限を有します（民再66反対解釈）。

◆従来の経営陣の経営権（破産債務者との違い）

民事再生の場合には、再生債務者たる株式会社経営陣（役員等）が、当該会社において、役員等の変動がなければ、原則として、当該会社の業務執行を続けることが可能です（例外として後述のとおり管財人が選任される場合があります。）。

◆監督委員

ア　監督委員とは

監督委員とは、再生債務者（役員等）の業務の遂行並びに財産の管理及び処分、民事再生手続の遂行が適法適正か等を監督する機関です。

イ　裁判所による監督委員の任命

裁判所は、再生手続開始申立てがあった場合、必要に応じ、利害関係人の申立て又は職権で、監督委員による監督を命じることができ（民再54）、実務上、多くの場合監督委員が選任されます。

　ウ　裁判所による監督委員の監督

　裁判所は、監督委員による監督が適正になされているか、監督委員を監督します（民再57等）。

◆管財人の選任と権限

　ア　管財人が選任される場合

　裁判所は、再生債務者（法人である場合に限ります。）の財産の管理又は処分が失当であるとき、その他事業再生に特に必要があるときは、利害関係人の申立て又は職権により、再生手続開始決定と同時に又はその後、再生債務者の業務及び財産に関し、管財人による管理を命じ（民再64①）、管財人を選任します（民再64②）。

　イ　管財人の管理処分権（破産手続との異同）

　管理命令が発せられた場合には、再生債務者の業務の遂行並びに財産の管理及び処分をする権利は、裁判所が選任した管財人に専属します（民再66）。この限りでは、民事再生の管財人の権限は破産管財人と同様です。

　両者の相違点として、破産管財人が破産財団に属する財産の換価・配当に向けて財産を管理・処分するのに対し、民事再生の管財人は、再生債務者の再生に向けて、再生債務者の財産を管理・処分することになります。

◆重要事項についての裁判所の関与

　民事再生の手続遂行に当たり、次のような場合には、裁判所が関与する場合があります。

　ア　再生債務者等が財産処分・借財等をする場合

　裁判所は、再生手続開始後、必要に応じ、「再生債務者等」が次に掲げる行為をするには裁判所の許可を得なければならないものとすることができ（民再41①）、この許可を得ないでした行為（売買契約等）が無効となることに注意が必要です。ただし、この無効をもって善意の第三者に対抗することはできません（民再41②）。

① 　財産の処分

② 　財産の譲受け

③ 　借　　財

④ 　民事再生法49条1項の規定による契約の解除

⑤ 　訴えの提起

⑥ 　和解又は仲裁合意（仲裁法2①）

⑦ 　権利の放棄

⑧　共益債権、一般優先債権又は民事再生法52条に規定する取戻権の承認

⑨　別除権の目的財産の受戻し

⑩　その他裁判所の指定する行為

　なお、この場合における再生債務者「等」とは、管財人が選任されていない場合にあっては再生債務者、管財人が選任されている場合にあっては管財人をいいます（民再2①二）。

　イ　再生債務者等が事業譲渡等をする場合

　再生手続開始後、再生債務者等が次に掲げる事業譲渡等をするには、裁判所の許可を得る必要があります（民再42①～③）。

①　再生債務者の営業又は事業の全部又は重要な一部の譲渡

②　再生債務者の子会社等（会社法2条3号の2に規定する子会社等をいいます。⑦において同じ。）の株式又は持分の全部又は一部の譲渡（次のいずれにも該当する場合における譲渡に限ります。）

　⑦　当該譲渡により譲り渡す株式又は持分の帳簿価額が再生債務者の総資産額として法務省令で定める方法により算定される額の5分の1（これを下回る割合を定款で定めた場合にあっては、その割合）を超えるとき

　⑦　再生債務者が、当該譲渡がその効力を生ずる日において当該子会社等の議決権の総数の過半数の議決権を有しないとき

（4）　民事再生手続の主たる要件・手続の特徴（再生計画以外）■ ■ ■ ■

◆再生手続開始の申立て（破産手続開始決定との違い）

　民事再生開始の原因は、破産原因より広く定められています。すなわち、債務者について、破産原因となる事実（支払不能・債務超過）の生ずるおそれがあるとき、事業継続に著しい支障を来すことなく弁済期にある債務を弁済することができないとき、債務者又は債権者は、裁判所に再生手続開始の申立てをすることができます（民再21）。

◆担保権の実行中止命令

　裁判所は、再生手続開始申立てがあった場合、再生債権者の一般の利益に適合し、かつ、競売申立人に不当な損害を及ぼすおそれがないときは、原則として、相当期間を定めて担保権の実行手続の中止を命ずることができます（民再31①本文）。

◆再生手続開始決定

　ア　再生手続開始決定がなされる場合

　裁判所は、民事再生法21条の要件を具備する要件を満たす再生手続開始申立てがあったときは、原則として、再生手続開始の決定をします（民再33）。

　イ　再生手続開始申立てが棄却される例外

　ただし、再生計画案可決の見込みがないことが明らかであるとき、既に係属する破産手続によることが債権者の利益に適合するとき等、民事再生法25条列挙事由がある場合には、裁判所は、再生手続開始申立てを棄却しなければなりません（民再25）。

　ウ　再生手続開始決定と同時にすべき処分（破産との違い）

　裁判所は、再生手続開始の決定と同時に、再生債権の届出をすべき期間及び再生債権の調査をするための期間を定めますが（民再34）、破産手続とは異なり、管財人の選任は、必ずしも同時処分の対象とはなっていません。

◆再生手続開始決定による権利関係の変動

　ア　手続開始後の再生債権者の権利取得

　再生手続開始後、再生債権につき再生債務者財産に関して再生債務者（管財人が選任されている場合にあっては、管財人又は再生債務者）の行為によらないで権利を取得しても、再生債権者は、再生手続の関係においては、その効力を主張することができません（民再44）。

　イ　手続開始後の登記及び登録

　不動産又は船舶に関し再生手続開始前に生じた登記原因に基づき再生手続開始後にされた登記又は不動産登記法105条1号の仮登記等は、再生手続の関係においては、その効力を主張することができません。

　ただし、登記権利者が再生手続開始の事実を知らないでした場合は、この限りではありません（民再45）。

　ウ　双方未履行の双務契約の解除権発生

　再生手続開始時において、再生債務者と相手方の双方が未履行の双務契約については、再生債務者等は、契約の解除をし、又は再生債務者の債務を履行して相手方の債務の履行を請求することができます（民再49①）。なお、相手方の催告権にも留意が必要です（同49②）。

　ただし、これらの規定は、労働協約には適用されず、従業員等との雇用契約は維持されます。

　エ　取戻権・別除権の維持

　再生手続の開始は、再生債務者に属しない財産を再生債務者から取り戻す権利に影

響を及ぼさず（民再52）、別除権者（再生手続開始時に特別先取特権・質権・抵当権又は商事留置権を有する者）は、再生手続によらずに別除権を行使することができます（民再53）。

◆再生債権・再生債権者の権利

　ア　再生債権とは

　再生債権とは、再生債務者に対し再生手続開始前の原因に基づいて生じた財産上の請求権（共益債権又は一般優先債権であるものを除きます。）、再生手続開始後の利息請求権、再生手続開始後の不履行による損害賠償請求権等をいいます（民再84）。

　イ　再生債権の弁済に関する留意点

　　a　原則（再生計画によらない弁済等の禁止）

　再生債権については、再生手続開始後、原則として、再生計画の定めによらずに弁済し、弁済を受け、その他再生債権を消滅させる行為（債権者による債務免除を除きます。）をすることはできません（民再85①）。

　　b　例外（主要な取引先たる中小企業の保護）

　再生債務者を主要な取引先とする中小企業者が、その再生債権の弁済を受けなければ、事業継続に著しい支障を来すおそれがあるときは、裁判所は、再生計画認可決定確定前でも、再生債務者等の申立てにより又は職権で、その全部又は一部の弁済を許可することができます（民再85②③）。

◆再生債権の届出・調査・確定手続

　再生債務者の再生に向けて、再生債権の届出（民再第4章第2節）、調査・確定（民再第4章第3節）の手続がなされます。

◆再生債務者の財産の調査及び確保

　ア　再生債務者の財産の価額の評定等

　再生債務者等は、再生手続開始後（管財人についてはその就職後）遅滞なく、再生債務者に属する一切の財産につき再生手続開始時の価額を評定し（民再124①）、直ちに再生手続開始時における財産目録及び貸借対照表を作成し、裁判所に提出しなければなりません（民再124②）。

　裁判所は、必要に応じ、評価人を選任し、再生債務者の財産の評価を命ずることができます（民再124③）。

　イ　民事再生の要所（否認権行使・法人の役員の責任追求）

　民事再生法は、詐害行為・債務消滅に関する行為・無償行為・相当対価を得てする行為等について詳細な定めを置き（民再第6章第2節）、法人の役員の責任の追及（民再第6章第3節）についても詳細な定めを置きます。

　会社が経営危機に陥った場合、否認権行使（詐害行為取消権）の対象となるような行為、損害賠償債務を発生させるような行為をしてはならないことは、会社の経営危機においていかなる手段を取るにせよ、必須のことであるといえます。

◆担保権消滅の許可（民事再生手続の特徴）

　再生手続開始の時において再生債務者の財産につき民事再生法53条1項に規定する担保権（特別先取特権・質権・抵当権又は商事留置権）が存する場合、当該財産が再生債務者の事業継続に不可欠なときは、再生債務者等は、裁判所に対し、当該財産の価額に相当する金銭を裁判所に納付して「当該財産につき存するすべての担保権」を消滅させる旨の許可の申立てをすることができます（民再148①以下）。

◆共益債権・一般優先債権について（破産手続との違い）

　民事再生においては、共益債権（民再119以下）等、破産法の優先破産債権・財団債権と比して、再生債権に優先される債権が広く規定されております。

(5)　再生計画における民事再生手続の主たる要件・手続 ■ ■ ■ ■ ■ ■ ■ ■

◆再生計画で定めるべき条項

　再生計画においては、次に掲げる事項に関する条項を定めなければならないとされています（民再154）。

①　全部又は一部の再生債権者の権利の変更

②　共益債権及び一般優先債権の弁済

③　知れている開始後債権があるときは、その内容

◆再生計画による権利の変更の一般的基準

　再生債権者の権利を変更する条項においては、債務の減免、期限の猶予その他の権利の変更の一般的基準（約定劣後再生債権の届出があるときは、約定劣後再生債権についての一般的基準を含みます。）を定めなければなりません（民再156）。

◆再生計画による権利の変更等の留意点

　再生計画を策定するに当たり、例えば以下に規定するもの、民事再生法155条等、同法所定の要件に留意する必要があります。以下にその要点を掲げていきます。

　ア　再生債権者間の平等

　再生計画による権利の変更の内容は、再生債権者の間では平等でなければなりません。ただし、不利益を受ける再生債権者の同意がある場合又は少額の再生債権等、差を設けても衡平を害しない場合はこの限りではありません（民再155①）。

　イ　再生計画における期限の限度

　再生計画によって債務が負担され、又は債務の期限が猶予されるときは、特別の事情がある場合を除き、再生計画認可の決定の確定から10年を超えない範囲で、その債務の期限を定めるものとされています（民再155③）。

　ウ　債務の負担及び担保の提供に関する定め

　　a　法律の規定

　再生債権者以外の者が債務を引き受け、又は保証人となる等再生のために債務を負担するときは、再生計画において、その者を明示し、かつ、その債務の内容を定めなければなりません（民再158①）。

　再生債権者又は再生債務者以外の者が、再生のために担保を提供するときは、再生計画において、担保を提供する者を明示し、かつ、担保権の内容を定めなければなりません（民再158②）。

　　b　極めて重要な経済的合理性・貸倒れリスクの検討

　ただ、その際に極めて重要なのは、再生債務者以外の者が債務引受け、保証債務負担、担保を求める経済的合理性（そのことで危機にある会社が再生できる可能性の程度）を考慮し、債務引受者の貸倒れリスクの検討を行うことです。

　エ　罰金等

　再生手続開始前の罰金等については、再生計画において減免その他権利に影響を及ぼす定めをすることができません（民再155④）。

◆再生計画案の提出

　ア　再生計画案の提出時期

　再生債務者等（再生債務者又は管財人）は、原則として、債権届出期間の満了後、裁判所の定める期間内に、再生計画案を作成して裁判所に提出しなければなりません（民再163①）。

　イ　再生計画案のいわば対案の提出

　再生債務者（管財人が選任されている場合に限ります。）又は届出再生債権者は、裁

判所の定める期間内に、（いわば前項の再生計画の対案として）再生計画案を作成して裁判所に提出することができます（民再163②）。

　ウ　あらかじめ債務を負担する者等の同意を得ること

　　a　民事再生法158条の債務負担者等の同意

　民事再生法158条（前記「◆再生計画による権利の変更等の留意点」ウa参照）に規定する債務負担・担保提供の定めをした再生計画案を提出しようとする者は、あらかじめ、当該債務を負担し当該担保を提供する者の同意を得なければなりません（民再165①）。

　　b　同意を得る際の注意点

　その場合の同意は、必要な情報を開示し、説明を尽くし、錯誤（民95等）意思表示の瑕疵のない同意でなければならず、その旨の確たる証拠を得ておくことが好ましいといえます。

◆再生債務者の労働組合等の意見聴取

　裁判所は、再生計画案（及び修正があった場合の修正後の再生計画案）について、労働組合等の意見を聴かなければなりません（民再168）。

◆民事再生の最重要点：再生計画案の決議

　ア　決議に付する旨の決定

　裁判所は、再生計画案の提出があったときは、財産状況報告集会における報告がない等、民事再生法169条所定の事由がない限り、原則として、当該再生計画案を決議に付する旨の決定をします（民再169）。

　イ　基準日による議決権者の確定

　裁判所は、当該公告の日から2週間を経過する日以後の日を基準日と定めて公告することに注意が必要です（民再172の2）。

　ウ　再生債権者の議決権（民再87）

　再生債権者が有する議決権（後述する議決権の額）については、民事再生法87条1項4号に定める債権の扱い（債権額）が基本となります。

　再生債権者が有する議決権については、弁済期未到来、定期金債権、条件付き債権等、民事再生法87条1項各号に詳細な区分・定めがあります。

　エ　再生計画案の可決の要件（民再172の3）

　再生計画案を可決するには、次に掲げる同意のいずれも満たす必要があります（民再172の3①）。

① 議決権者（債権者集会に出席し、又は民事再生法169条2項2号に規定する書面等投票をしたものに限ります。）の過半数の同意

② 議決権者の議決権の総数の2分の1以上の議決権を有する者の同意

　　この同意が得られるかどうかが、民事再生を行えるかどうかのポイントになります。

◆可決された再生計画の認可等

　ア　再生計画の認可の決定

　再生計画案が可決された場合には、裁判所は、原則として、再生計画認可の決定をします（民再174①）。

　イ　再生計画が不認可になる場合

　ただし、再生計画が遂行される見込みがないとき、再生計画の決議が不正の方法によって成立したとき等の場合には、裁判所は、再生計画不認可の決定をします（民再174②）。

　ウ　労働組合等の意見

　労働組合等は、再生計画案を認可すべきかどうかについて、意見を述べることができます（民再174③）。再生計画の認可又は不認可の決定があった場合には、その決定があった旨、労働組合等に通知がなされます（民再174⑤）。

◆民事再生の要所：再生計画認可後の手続

　ア　民事再生の核心部分：再生計画の遂行（破産との違い）

　　a　速やかに再生計画を遂行

　再生計画認可の決定が確定したときは、再生債務者等は、速やかに、再生計画を遂行しなければなりません（民再186①）。

　　b　再生計画が遂行できるか否かが再生のポイント

　認可された再生計画を遂行できるか否か、それがまさに民事再生の核心です。

　再生計画を遂行できなければ、債務不履行の損害賠償等、経営危機にある会社の傷が広がります。

　　c　租税債務を含めた、破産と民事再生の大きな違い

　例えば、経営危機にある株式会社が破産した場合、破産会社の債務は、租税債務も含め、会社の法人格消滅とともに消滅します（後掲 8 (19)）。

　破産会社の役員や株主等は、その後、新たな会社を設立し、又は個人事業主として、

全く債務のない状態（個人として免責された場合）から、再出発（破産1）を図ることができます。

　これに対し、民事再生においては、再生債務者は、監督委員や裁判所の関与の下、もとより租税債務を納付し、再生計画の定めにより減額された債務を計画どおり返済しながら、他の会社と競争しつつ、再生を図る必要があります。この点が、破産と民事再生の大きな違いの一つであり、破産と民事再生を隔てる分岐点の一つです。また、監督委員が選任されているときは、当該監督委員は、再生債務者の再生計画の遂行を監督します（民再186②）。

　なお、監督委員が選任されているときは、当該監督委員は、再生債務者の再生計画の遂行を監督します（民再186②）。

　そして、裁判所は、必要に応じ、再生債務者等又は再生のために債務を負担し、担保を提供する者に対し、相当な担保を立てるべきことを命ずることができます（民再186②各号）。

　イ　やむを得ない事由に基づく再生計画の変更の留意点

　再生計画認可の決定があった後、やむを得ない事由で再生計画に定める事項を変更する必要が生じたときは、再生計画の変更により不利な影響を受ける再生債務者のために、再生計画案の提出があった場合の手続（前掲「◆再生計画案の提出」）が準用されることに注意が必要です（民再187①）。

(6)　再生計画の取消し・破産への移行等 ■■■■■■■■■■■■■■■■

◆再生計画の不履行等と再生計画取消決定

　再生計画認可決定が確定した場合、再生計画が不正の方法により成立したこと、再生債務者等が再生計画の履行を怠ったこと等、民事再生法189条所定の事由があるときは、裁判所は、再生債権者の申立てにより、再生計画取消しの決定をすることができます（民再189）。

◆再生手続から破産手続への移行とその意義

　民事再生法は、再生手続終了前の破産手続開始の申立て等（民再249）、再生手続の終了に伴う職権による破産手続開始の決定（民再250）等、再生手続から破産手続へ移行する場合を定めています。

(7)　再生手続の終結 ■■■■■■■■■■■■■■■■■■■■■■■■■■

◆監督委員も管財人も選任されていない場合

　裁判所は、再生計画認可の決定が確定したときは、監督委員又は管財人が選任され

ている場合を除き、再生手続終結決定をします（民再188①）。

◆監督委員が選任されている場合

　裁判所は、監督委員が選任されている場合、再生計画が遂行されたとき又は再生計画認可決定確定後3年を経過したときは、再生債務者若しくは監督委員の申立て又は職権により、再生手続終結決定をします（民再188②）。

◆管財人が選任されている場合

　裁判所は、管財人が選任されている場合において、再生計画が遂行されたとき又は再生計画遂行が確実と認めるに至ったときは、再生債務者若しくは管財人の申立てにより又は職権で、再生手続終結の決定をします（民再188③）。

◆再生手続終結決定と再生の完了

　再生手続終結の決定があったときは、監督命令及び管理命令は、効力を失います（民再188④）。

　裁判所は、再生手続終結の決定をしたときは、その主文及び理由の要旨（いわば民事再生が成功裏に終了したこと）を公告します（民再188⑤）。

5　清算の検討

　再建をしていくことが難しい場合や、経営環境などから事業存続を断念していく場合には、清算を検討していく必要があります。清算を行っていく場合には、会社自体が、将来において自主的に経営を行っていくということを断念して、事業の廃止を検討し、会社自身の清算の結了をして、法人格を消滅させることが前提となります。したがって、事業を廃止できるような「道筋」を考えて、財産を処分し、債務の整理に充てていかなければなりません。債務返済が難しい場合には、法的な措置によることも考えていく必要が出てきます。そして、最終的には、法人格を消滅させることを目的とするわけですが、裁判所が関与するケースと裁判所が関与しないケースが考えられます。

　清算の方法には、大きく分けて次の四通りの方法が考えられます。
① 　私的（任意）整理
　裁判所が直接関与しないで債務を整理する方法
② 　通常清算
　裁判所が直接関与しないで会社を解散・清算する方法

③　特別清算

　通常清算ができない場合に会社法の規定により会社を清算する方法

④　破　　産

　特別清算が行えない場合や、経営状況が深刻である場合の方法

6　通常清算

（1）　通常清算の概要 ■■■■■■■■■■■■■■■■■■■■■■■■■■■■■■■

　通常清算は、解散を行った後に清算という手続に入ります。この場合の解散とは、法人格を消滅させる原因となる法律事実のことをいいます（会社471・472）。解散には、任意解散と強制解散があります。

　任意解散は、①定款で定めた存続期間の満了、②定款で定めた解散の事由の発生、③株主総会の決議、④合併（合併により当該株式会社が消滅する場合に限ります。）などにより行うことが可能です（会社471）。

　強制解散には、①破産手続開始の決定、②解散を命ずる裁判、③休眠会社のみなし解散、④銀行法、保険業法などの特別法による解散などがあります（会社471・472ほか、銀行法37ほか、保険業法152ほか）。いずれの場合も、経営者や株主等の所有者等の意思は反映されず、強制的に解散をしなければならなくなります。

　解散が行われた後に、清算が行われることとなります。解散だけでは会社は消滅せず、会社の清算を結了しなければ、会社の法人格を消滅させることはできません。

　要するに、清算は、解散に伴って、会社の法的・経済的な現務を結了させて、債権の取立てや債務の弁済を行い、必要に応じて財産の換価を行い、最終的に残余財産があれば分配を行い、最終的には会社の法人格を消滅させる行為をいいます。清算には通常清算と特別清算があります。

（2）　通常清算の検討 ■■■■■■■■■■■■■■■■■■■■■■■■■■■■■■■

◆事業の将来性がない場合

　事業としては、いわゆる斜陽産業に属して将来の成長性が期待できず経営危機に陥ってきた等の場合で、今後業績向上が見込めないと判断した場合に、事前に清算を検討する余地が出てきます。ところが、昨今は業績は見込めて経営状況も悪くないのに人材不足の面や後継事業者が見当たらないといったことから事業を断念するケースも

少なくありません。通常清算によると、取引先や債務者との間に比較的トラブルなく、あるいはトラブルを最小限に抑えて、その後の経営者等の人生設計を予想することが可能となり、円滑に事業結了を予定できるという点で強みがあります。

◆相続対策として

　例えば、経営者（支配株主ないし社長）が、会社に多額の貸付け（いわゆる社長貸付け）をしているような場合においては、経営者が死亡すると「会社に対する多額の貸付金債権が相続財産に属する」と扱われ、莫大な相続税が賦課されるリスクがあります。

　このようなケースでは、経営者が死亡する以前に、解散・通常清算の手続をとり、通常清算の手続の中で、社長貸付けの問題を解消しつつ、一挙に事業譲渡や営業用財産の処分を自らの意思で行えるという実益があります。また、解散・通常清算の手続を利用する場合、株式売却や合併・事業譲渡・会社分割の場合に生じ得る（取引相場のない）株式の「株価評価」という問題は回避されます。

(3)　解散・通常清算の手続 ■■■■■■■■■■■■■■■■■■■■■■■

◆解散の決議

　解散・通常清算の最大のポイントは、解散する旨の株主総会特別決議（会社471三・309②十一）を経る必要があるということです。

　例えば、解散に反対する株主がいる場合の他、高齢の支配株主が認知症で判断能力が乏しい場合、解散のための特別決議を経るのに困難が予想されます。認知症が進んでいる場合は、成年後見人制度を利用するなどの必要性が出てきます。

◆解散の登記

　解散は、登記事項として、登記をする必要があります（会社926・976一）。

◆清算人の選任

　解散した場合には、清算をしなければなりません（会社475）。その場合の清算株式会社には、一人又は二人以上の清算人を置かなければなりません（会社477①・478①②）。

◆業務（営業）終了

　清算人は速やかに現務の結了（会社の事業の終了）をしなければなりません（会社

481①）。ただし、財産換価のため事業譲渡をする予定がある場合には、営業継続が許される余地があります。

◆財産の調査・目録等作成等

清算人は、その就任後遅滞なく、清算株式会社の財産の現況を調査し、財産目録及び貸借対照表を作成し（会社492①）、株主総会に提出し、又は提供し、その承認を受けなければなりません（会社492③）。

◆清算人の職務

清算人は、清算株式会社の債務者に対して債権の取立てを行う必要があります（会社481①二）。

◆財産の換価

債務の弁済、残余財産の分配をするために、会社財産を任意売却し、換価をします。財産評価の面では、「（取引相場のない）当該会社の株価評価」という難問を回避することができ、売却する土地建物・借地権・機械等の相当時価算定ないし入札等公正な売却の工夫に集中することができます。

この点が他の手段と比較した解散・通常清算の大きなメリットであるということができます。

ただし、事業譲渡の方法によって会社財産を換価する場合には、株主総会の特別決議が必要となります（会社491・467①一～三・309②十一）。なお、事業譲渡をする場合は事業譲受会社側の要件にも注意が必要です。

◆清算株式会社の債権者に対する弁済等 （会社499～503）

清算株式会社は、解散した場合、遅滞なく、当該清算株式会社の債権者に対し、「一定の期間内」にその債権を申し出るべき旨を官報に公告し、かつ、知れている債権者には、各別にこれを催告しなければなりません（会社499②本文）。

上記「一定の期間」は2か月を下ることができず、上記「公告」には、当該債権者が「当該期間内」に申出をしないときは清算から除斥される（会社503）旨を付記しなければなりません。

その上で、清算株式会社は、原則として上記期間経過後、その債権者に対し、弁済をします（会社481①二ほか）。この「2か月」という期間に特に留意が必要です。

◆残余財産の分配

　清算株式会社は、原則として、当該清算株式会社の債務を弁済した後でなければ、その財産を株主に分配することができません（会社502①）。

　清算株式会社は、清算人の決定（清算人会設置会社にあっては清算人会の決議）によって、残余財産の種類、株主に対する残余財産の割当てに関する事項を定めますが（会社504①）、その定めは、原則として、株主の有する株式の数に応じて残余財産を割り当てるものでなければなりません（株主平等原則（会社504③）。例外は種類株式の場合等）。

◆清算事務の終了等

　清算株式会社は、清算事務が終了したときは、遅滞なく、法務省令で定めるところにより、決算報告を作成しなければなりません（会社507①）。なお、清算人会設置会社においては、清算人会の承認を要します（会社507②）。

◆清算報告の承認（法人格消滅）

　清算人は、前記清算事務が終了した旨の決算報告（会社507①②）を株主総会に提出し、又は提供し、その承認を受けなければなりません（会社507③）。

　清算株式会社の法人格は、清算が結了した時点（原則として会社法507条3項の株主総会の承認があった時点）で消滅します（会社476反対解釈・929①一参照）。

◆清算結了の登記（報告としての登記）

　清算株式会社の清算が結了したときは、会社法507条3項の株主総会の承認の日（上述）から2週間以内に、その本店の所在地において、清算結了の登記をしなければなりません（会社929①一）。

7　特別清算

（1）　特別清算の概要 ■■■■■■■■■■■■■■■■■■■■■■■■■

　清算会社のうち、①清算の遂行に著しい支障を来すべき事情がある場合や②債務超過（清算株式会社の財産がその債務を完済するのに足りない状態をいいます。）の疑いがある場合には、裁判所は特別清算の開始を命ずることができます（会社510）。特別清算開始の命令があったときは、清算株式会社の清算は、裁判所の監督に属することと

されます（会社520）。

　特別清算は、解散した株式会社について、債務超過の疑いがある場合に裁判所が関与します。また、債権者集会も多数決による集団的和解等がなされ、通常清算と異なる特別な手続で、株式会社の清算を完了させる制度です。

　特別清算は、私的（任意）整理（清算型）に比してメリットは大きく、特に経営危機にある株式会社の役員等が、「破産」に強い難色を示す場合に、適用を考えていく制度であるといえます。いわば、私的整理と破産の中間にある制度であると位置付けられます。

(2)　特別清算のメリットとデメリット ■■■■■■■■■■■■■■■■■

◆特別清算のメリット

　特別清算は、①破産手続を回避し、②株式会社側が信頼できる者を清算人とすることができ、③「総」債権者の同意がなくとも清算でき、④手続の公正のための裁判所の関与がある、というメリットがあります。

◆特別清算のデメリット

　特別清算は、破産手続とは異なり、債権者との個別的な和解か債権者集会との協定（債権者集会の議決要件の充足）が必要になるというデメリットがあります。

(3)　特別清算の主要な要件・手続の概要 ■■■■■■■■■■■■■■■■

◆解散の特別決議が必要であること

　特別清算の最大のポイントは、解散する旨の株主総会特別決議（会社471三・309）を経ることができるかどうかです。

　例えば、解散に反対する株主がいる場合の他、高齢の支配株主が認知症で判断能力が乏しいケースでは、解散のための特別決議を経るのに困難が想定されます。

◆清算人の選任

　定款や株主総会決議等に基づき清算人を選任します。

◆特別清算開始の原因

　特別清算開始の原因は、債権者多数等通常清算の遂行に著しい支障があり、債務超過の「疑い」（破産との違い）があることです（会社510）。

◆特別清算開始の申立て

　債権者、清算人、監査役又は株主は、特別清算開始の申立てをすることができ、清算株式会社に債務超過の疑いがあるときは、清算人は、特別清算開始の申立てをしなければなりません（会社511）。

◆個々の債権者との和解

　特別清算においても、個々の債権者と債務減免の和解をして、清算することは可能です。

◆債権者集会との協定

　私的整理と比較した特別清算のメリットは、個々の債権者との和解が成立しなくとも、債権者集会と協定（いわば多数決で成立する集団的な和解）を締結して、債権者の権利（債務）を変更し、清算することができる点です（なお、破産の場合には、債権者の承認がなくとも清算を完了することができます。）。

　　ア　協定の申出

　清算株式会社は、債権者集会に対し、協定の申出をすることができます（会社563）。

　　イ　協定の条項

　協定においては、協定債権者の権利（会社法522条2項に規定する担保権を除きます。）の全部又は一部の変更に関する条項を定めなければならず（会社564①）、その際、債務の減免、期限の猶予その他の権利の変更の一般的基準を定めなければならない（会社564②）とされています。

　　ウ　協定による権利の変更の条件

　協定による権利の変更の内容は、原則として、協定債権者の間では平等でなければなりません（会社565）。

　　エ　債権者集会の決議要件

　債権者集会において決議をする事項を可決するには、原則として、次に掲げる同意のいずれも得なければなりません（会社554）。

①　債権者集会に出席した議決権者（議決権を行使することができる協定債権者）の過半数の同意

②　債権者集会に出席した議決権者の議決権の総額の2分の1を超える議決権を有する者の同意

◆協定が可決された場合

協定が可決されたときは、清算株式会社は、遅滞なく、裁判所に対し、協定の認可の申立てをしなければなりません（会社568）。

この認可の申立てがあった場合、裁判所は、協定遂行の見込みがない等会社法569条2項所定の場合を除き、原則として、協定の認可の決定をします（会社569①）。

◆裁判所による協定認可の効力の特徴

協定は、裁判所による認可の決定の確定によりその効力を生じます（会社570）。

協定は、清算株式会社及び全ての協定債権者のために、かつ、それらの者に対して効力を有しますが（会社571①）、会社法571条2項所定の担保権には効力が及びません。

◆裁判所の認可がある場合

清算人は、協定の内容に従って、清算を実行します。

協定に従い特別清算が結了した場合、裁判所は、特別清算終結決定をします（会社573）。

◆協定の実行見込みがない場合

協定は成立したものの、協定実行の見込みがなく、清算株式会社に破産手続開始の原因となる事実があると認めるときは、裁判所は、職権で、破産法に従い、破産手続開始の決定をしなければならないことになっています（会社574）。

8 破 産

(1) 破産手続の概要

破産は、支払不能又は債務超過にある債務者の財産等の清算に関する手続を定めること等により、債権者その他の利害関係人の利害及び債務者と債権者との間の権利関係を適切に調整し、もって債務者の財産等の適正かつ公平な清算を図るとともに、債務者について経済生活の再生の機会の確保を図ることを目的としています（破産1）。

破産は、裁判上の手続で、「破産手続」ともいいます。

破産手続とは、破産法（同法12章を除きます。）に定めるところにより、債務者の財産・相続財産・信託財産を清算する手続をいいます（破産2①）。

(2)　破産手続のメリットとデメリット■■■■■■■■■■■■■■■

◆破産手続のメリット

破産手続のメリットとしては、次のような点が考えられます。

①　私的整理・特別清算・民事再生等と異なり、債権者の同意がなくとも手続を進めることができること

②　法人の債務は、法人の消滅とともに消滅し、会社の役員等会社を構成していた個々人は、(必要に応じ個人破産を併用することにより)原則として、過去の累積債務の重荷から解放されて、身軽になって再出発を図ることができること

◆破産手続のデメリット

破産手続のデメリットは、法人破産の場合、その会社等の法人格が消滅し、その法人を単位とした事業は終了してしまうことです。

(3)　破産の主たる手続と要件の概要■■■■■■■■■■■■■■■

◆破産申立て

債権者又は債務者は、破産手続開始の申立てをすることができます(破産18①)。なお、破産申立てには、①最高裁判所規則で定める書面(破産20)の提出、②費用の予納(破産22)、③債権者が申立てをする場合はその債権と破産原因の疎明(破産18②)、が必要となります。

◆破産手続開始の原因

ア　支払不能のケース

　a　破産要件としての「支払不能」の状態にあること

債務者が支払不能にあるときは、原則として、申立てにより、裁判所は、決定で、破産手続を開始します(破産15①)。

　b　支払不能

支払不能とは、債務者が、資力の欠乏のため、その債務のうち弁済期にあるものにつき、一般的に(特定の債務のみではなく)かつ継続的に(一時的ではなく)弁済できない客観的財産状態をいいます(破産2⑪)。

　c　支払停止

支払停止とは、支払不能(上述のとおりの客観的財産状態)である旨を外部に表示

する債務者の行為であり、例えば、店じまい、夜逃げ等をいいます。支払停止があれば、支払不能であると推定されます（破産15②）。

　イ　債務超過のケース

　債務者が法人（存立中の合名会社及び合資会社以外）である場合には、破産原因として「支払不能」のみならず、「債務超過」（債務者が、その債務につき、その財産をもって完済することができない状態）も、破産手続開始の原因となります（破産16）。

（4）　破産手続開始決定と破産管財人の選任 ■■■■■■■■■■■■■■

◆破産手続開始決定が行われる場合

　裁判所は、破産手続開始の申立てがあった場合に、破産手続開始の原因（上述の支払不能、法人の場合の債務超過）があると認めるときは、原則として（費用の予納がない場合や不当な目的による破産申立て等の場合は例外となります。）、破産手続開始決定をします（破産30）。

◆破産管財人選任等の決定

　裁判所は、原則として、破産手続開始の決定と同時に、一人又は数人の破産管財人を選任し、かつ、破産債権の届出をすべき期間、債権者集会の期日、破産債権の調査をするための期間の決定をします（破産31）。

　また、裁判所は、破産手続開始の決定をしたときは、直ちに、破産手続開始の決定の主文、破産管財人の氏名又は名称等を公告します（破産32①）。

（5）　破産手続開始決定の主たる効果 ■■■■■■■■■■■■■■■■

◆破産財団の構成

　ア　破産財産

　「破産財産」とは、破産者の財産又は相続財産若しくは信託財産であって、破産手続において破産管財人にその管理及び処分をする権利が専属するものをいいます（破産2⑭）。

　イ　破産手続開始決定の効果と破産財団の範囲

　破産手続開始決定の効果として、原則として、破産者が破産手続開始の時において有する一切の財産（在外財産を含みます。）等は、破産財団を構成します（破産34①〜③）。

(6)　破産管財人の管理処分権能 ■■■■■■■■■■■■■■■■■■■

　「破産管財人」とは、破産手続において破産財団に属する財産の管理及び処分（換価等）をする権利を有する者をいいます（破産2⑫・78①・47・48参照）。

(7)　破産管財人が民法177条の「第三者」であることの重大な意味 ■■■■

　破産法の通説によれば、破産管財人は民法177条の「第三者」とされています。そこで、経営危機にある会社から不動産を購入した者は、その後、破産手続開始決定がなされて選任された破産管財人に対し、それに先立つ売買による所有権取得を対抗するには、民法177条の「登記」が必要となります。

(8)　破産手続開始決定後の登記の効力 ■■■■■■■■■■■■■■■■■

◆原　　則

　不動産又は船舶に関し、破産手続開始前に生じた登記原因に基づき破産手続開始後にされた登記は、破産手続の関係においては、その効力を主張することができません（破産49①本文）。

◆例　　外

　登記権利者が破産手続開始の事実を知らないでした登記については、その例外となり、原則として効力を主張できることになります（破産49①ただし書）。破産手続開始の公告前においては、その事実を知らなかったものと推定され、同公告後はその事実を知っていたものと推定されます（破産51）。

(9)　破産債権者の個別的権利行使の禁止の効力 ■■■■■■■■■■■■

◆破産債権者の個別的権利行使禁止の効力

　破産債権は、破産手続によらなければ、行使することができないこととされています（破産法に特別の定めがある場合を除きます。）（破産100①）。

◆破産債権

　「破産債権」とは、破産者に対し、破産手続開始前の原因に基づいて生じた財産上

の請求権であって、財団債権に該当しないものをいいます（破産2⑤・⑦反対解釈・100）。

◆破産債権者

「破産債権者」とは、破産債権を有する債権者をいいます（破産2⑥）。

◆財団債権

「財団債権」とは、公平上の観点より、一般の破産債権者に先立ち、随時弁済を受けるべき債権等であり、破産手続によらないで破産財団から随時弁済を受けることができる債権のことをいいます（破産2⑦）。

(10)　会社が締結した契約や第三者の権利について、破産申立て前に留意すべき事項■■■■■■■■■■■■■■■■■■■■■■■■■

◆破産による双務契約の権利変動

ア　双方未履行の双務契約の原則的取扱い

双務契約（売買契約等当事者双方が対価的意義を持つ債務を負担する契約）について破産者及びその相手方が破産手続開始の時において共にまだその履行を完了していないときは、破産管財人は、契約の解除をし、又は破産者の債務を履行して相手方の債務の履行を請求することができます（破産53）。

イ　双方未履行の双務契約の例外的取扱い

上記原則的取扱いには、例えば、破産法56条（賃借権その他の使用及び収益を目的とする権利を設定する契約について破産者の相手方が当該権利につき登記、登録その他の第三者に対抗することができる要件を備えている場合）等の例外規定があります。

◆取戻権（破産により変動しない権利①）

ア　取戻権

「取戻権」とは、所有権に基づく返還請求権等、破産者に属しない財産を破産財団から取り戻す権利をいいます。破産手続の開始は、取戻権に影響を及ぼしません（破産62）。

イ　取戻権で保護されない場合

ただし、破産手続開始前に債務者所有の物を購入した者は、次のような取扱いとなります。

① 前記のとおり、破産管財人が民法177条の「第三者」に該当することから、原則として、破産手続開始前に登記を得なければ、売買による所有権取得を破産管財人に対抗することはできません（破産49①）。

② また後述するとおり破産管財人によって売買や登記具備が否認された場合にも、取戻権で保護されません。

◆別除権（破産により変動しない権利②）

ア　別除権

「別除権」とは、破産手続開始の時において破産財団に属する財産につき特別の先取特権、質権又は抵当権を有する者がこれらの権利の目的である財産について破産法65条1項の規定により行使することができる権利をいいます（破産2⑨）。

イ　別除権の行使

別除権は、破産手続によらないで行使することができます（破産65①）。

ウ　別除権で保護されない場合

ただし、債務者所有の物について、破産手続開始前に、債務者と抵当権設定契約を締結した者は、その後に破産手続が開始された場合において、次のような取扱いとなります。

① 破産管財人が民法177条の「第三者」に該当することから、原則として、破産手続開始前に抵当権設定登記を得なければ、抵当権設定を破産管財人に対抗することはできません（破産49①）。

② 後述するとおり、破産管財人によって抵当権設定や登記具備が否認された場合にも、別除権で保護されません。

エ　留置権の扱い

破産手続開始の時において破産財団に属する財産につき存する商法又は会社法の規定による留置権は、破産財団に対しては特別の先取特権とみなされ（破産66①）、別除権として保護されます（破産2⑨）。民事留置権は、破産財団に対しては、その効力を失います（破産66③）。

◆相殺権（破産により変動しない権利③）

ア　破産手続によらないで行使できる相殺権

破産債権者は、破産手続開始の時において破産者に対して債務を負担するときは、

破産手続によらないで、相殺をすることができます（破産67①）。これを「相殺権」といいます。

　イ　相殺権で保護されない場合（相殺の禁止）

　破産手続開始後に他人の破産債権を取得したとき（破産72①一）、支払不能になった後に破産債権を取得した者が取得当時支払不能であったことを知っていたとき（破産72①二）、破産債権者が破産手続開始後に破産財団に対して債務を負担したとき（破産71①一）等、破産法71条及び72条は、公平上の観点から相殺権で保護するに値しない場合を詳細に規定して、相殺権で保護されないケースを明らかにしています。

(11)　否認権行使によって会社が締結した契約等が瓦解するリスクについて、破産申立て前に留意すべき事項 ■■■■■■■■■■■■■■

◆否認権の行使

　否認権とは、経営危機にある会社が、破産手続開始決定前（破産手続開始決定後は会社財産の管理処分権は破産管財人に専属します。）、まだいかなる手段で危機に対応するべきか方針が定まらないような時期に、会社財産を流出されるような契約、担保供与・債務弁済、契約に基づく移転登記手続等をした場合に、以下の要件の下、その契約等の効力を否認する権限をいいます。

◆破産債権者を害する行為の否認

　次に掲げる行為（担保の供与又は債務の消滅に関する行為は後述）は、破産手続開始後、破産財団のために否認することができます（破産160）。

　ア　詐害行為

　例えば経営危機にある会社の場合には、詐害行為の発生が考えられます。詐害行為とは、債務者の総財産が減少し、債権者が充分な満足を得られなくなる行為であり、例えば、経営危機にある会社が、その資力が債務の弁済に不足しているにもかかわらず、不相当な価格（時価より安価な価格）で会社の財産を売却し、会社財産を減少させるような行為をいいます。

　なお、以下の「詐害行為」とは、破産債権者に対する詐害行為をいいます。詐害行為は、次に掲げるような一定の場合には否認されます。

① 破産者が（支払停止又は破産手続開始の申立て（以下「支払の停止等」といいます。）の前に）詐害行為をし、破産者がそのことを知っていた場合に否認権を行使できます。

　　ただし、これによって利益を受けた者（以下「受益者」といいます。）が、行為時（詐害行為に該当する契約成立時等）に、「債務者が詐害行為したこと」を知らなかった（善意）場合には、この限りではありません。

② 破産者が、支払の停止等の後に詐害行為をした場合（破産者の認識は不要）に否認権を行使できます。

　　ただし、受益者が、㋐その行為当時（詐害行為に該当する契約成立時等）、㋑「支払の停止等の事実及び詐害行為の事実」を知らなかった（善意）場合は、この限りではありません。

イ　不相当な代物弁済等の否認

上記の要件のいずれかに該当するときは、破産手続開始後、消滅した債務の額に相当する部分以外の部分に限り、破産財団のために否認することができます。

ウ　無償行為の否認

破産者の支払の停止等の後又はその前6か月以内にした無償行為（贈与契約等）及びこれと同視すべき有償行為（著しく対価の少なく無償同然の売買等）の場合は、「破産者・受益者の善意悪意を問わず」否認することができます。

（12）　相当対価の財産処分の否認 ■■■■■■■■■■■■■■■■■■■■

◆相当対価による財産処分の否認の要件

経営危機にある会社が会社の土地を売却した場合、それが相当な価格で売却し、移転登記と引換えに決済が完了したときであっても、以下の場合には否認される可能性があります（破産161）。

① 不動産の金銭への換価等により、破産者において隠匿、無償の供与その他の破産債権者を害することとなる処分（以下「隠匿等の処分」といいます。）をするおそれを現に生じさせること

② 破産者が、当該行為当時（例えば売買契約の当時）、対価として取得した金銭その他の財産について、隠匿等の処分をする意思を有していたこと

③ 相手方が、当該行為当時、「破産者が上記隠匿等の処分をする意思を有していたこと」を知っていたこと

◆隠匿等の処分をする意思の推定規定

　上記相当対価の財産処分行為の相手方（例えば売買契約の買主）が、①破産者が法人である場合の役員等、②破産者が株式会社である場合の総株主の議決権の過半数を有する者等、③破産者の親族又は同居者である場合には、相手方（買主等）が、当該行為当時、「破産者が上記隠匿等の処分をする意思を有していた事実」を知っていた旨推定される（裁判上真偽不明ならば知っていたと認定される）ことに注意が必要です。

（13）　担保供与や債務弁済等の否認 ■■■■■■■■■■■■■■■■■■■

◆私的整理の際に担保の追加・弁済をする場合の留意点

　担保供与や債務の一部弁済は、経営危機にある会社が私的整理の際に銀行等債権者から（場合により相当強く）要求されがちなことですが、私的整理がうまく行かず破産手続開始決定に到った場合には、否認のリスクがあることに留意が必要です（破産162）。

◆特定の債権者に対する担保供与・弁済等の否認

　既存の債務についてされた担保供与又は債務消滅に関する行為は、破産手続開始後、次の要件で否認することができます。

　ア　破産者が支払不能後又は破産手続開始申立て後にした行為

　この場合は、①当該行為が支払不能後になされた場合、債権者が支払不能又は支払停止の事実を知っていたときに限り、②当該行為が破産手続開始の申立て後になされた場合、債権者が破産手続開始申立ての事実を知っていたときに限ります。

　なお、支払停止があった場合には支払不能であったと推定され、債権者の悪意についても、上記と同趣旨の推定規定が置かれています。

　イ　破産者の義務に属しない担保供与・債務弁済等

　①既存債務につきなされた担保供与又は債務消滅に関する行為で、②その履行ないし履行の時期が債務者の義務に属しないものは、③支払不能になる前30日以内になされたものは、否認の対象となります。

　ただし、債権者が、その行為当時、他の破産債権者を害することを知らなかったときは、この限りではありません。

(14)　権利変動の登記等の否認 ■■■■■■■■■■■■■■■■■■■■■

◆移転登記（決済）を完了した場合に残る否認リスク

　経営危機にある会社が所有不動産を売却し、移転登記と引換えに決済を完了した場合には、移転登記が否認の対象となる場合があります（破産164）。

◆登記や仮登記の否認の要件

　経営危機にある会社が所有不動産に抵当権設定・所有権移転・抵当権の変更登記をしたようなケースにおいて、権利の設定・移転・変更をもって第三者に対抗（民177参照）するための登記（仮登記又は仮登録）等が否認される可能性があります。

　①支払停止等の後に、②権利の設定・移転・変更があった日から15日を経過した後、③支払停止（夜逃げ、店じまい等）等のあったことを知って、なされたものである場合には、破産手続開始後、破産財団のためにこれを否認することができます。

　ただし、上記の仮登記・仮登録以外の仮登記又は仮登録があった後にこれらに基づいて本登記又は本登録をした場合は、この限りではありません。

(15)　否認権行使の効果 ■■■■■■■■■■■■■■■■■■■■■■■■

　否認権の行使は、破産財団を原状に復させます（破産167）。

　すなわち、否認権の対象となった売買や贈与、弁済等はなかったものとされ、当該売買等によって破産財団から流出した状態になっている財産を破産財団に組み入れることになります。

　ただし、無償否認（破産法の場合）の場合、相手方は、当該行為当時、支払の停止等の事実及び破産債権者を害する事実を知らなかったときは、「その現に受けている利益」（現存利益。贈与等がなされた際の原形のまま又は形を変えて現存している利益）の返還をすれば足ります。

　反対に言えば、それ以外の場合には、相手方は、現存利益を返還するのでは足りないことに留意が必要です。

(16)　破産債権の届出調査確定・破産財産の換価・破産債権者への配当 ■■■■■■■■■■■■■■■■■■■■■■■■■■■■■■

◆支払不能にある債務者の適正かつ公平な清算

　破産管財人は、支払不能又は債務超過にある債務者の財産等の適正かつ公平な清算

を図る（破産1）ため、破産債権について、届出（破産111以下）・調査（破産121以下）・確定（破産124以下）手続を経て、破産財団を管理（破産153以下）・換価（破産184）し、破産債権者に配当（破産193以下）を実施します。

◆破産管財人と債権者集会の連携

ア　債権者集会を開く場合

裁判所は、破産管財人、債権者委員会（破産144②）、知れている破産債権者の総債権について、裁判所が評価した額の10分の1以上に当たる破産債権を有する破産債権者のいずれかの申立てがあった場合には、債権者集会を招集しなければなりません。ただし、裁判所が債権者集会を招集することを相当でない事情があると認めるときはこの限りでありません（破産135）。

イ　破産管財人と債権者集会の連携

破産管財人は、破産手続開始後（破産31①二）、破産手続廃止（破産217②）、任務終了（破産88③）等、破産手続の要所において、破産債権者に情報を提供し、破産債権者から意見・情報を聴取し、破産債権者集会と連携しながら、公正な清算を実施することができます。

（17）　破産手続の終了　■■■■■■■■■■■■■■■■■■■■■■■■■■■■■

◆配当による終結

裁判所は、最後配当、簡易配当又は同意配当が終了した後、破産管財人の任務終了による債権者集会への計算の報告のための債権者集会が終結したとき、又は債権者が異議を述べ得る期間が経過したときは、破産手続終結の決定をし（破産220①）、直ちに、その主文及び理由の要旨を公告し、かつ、これを破産者に通知しなければなりません（破産220②）。

◆破産手続開始の決定と同時に破産手続廃止決定がなされ終結される場合（同時決定）

裁判所は、破産財団によって破産手続費用を支弁するにも不足すると認めるときは、原則として、破産手続開始の決定と同時に、破産手続廃止（終結・取りやめ）の決定をし（破産216①）、その旨の公告と破産者への通知をします（破産216③）。

◆破産手続開始の決定後の破産手続廃止の決定（異時廃止）

裁判所は、破産手続開始決定後、破産財団をもって破産手続の費用を支弁するのに

不足すると認めるときは、債権者集会又は書面にて債権者の意見を聴取した上で、破産手続廃止の決定をし（破産217①本文）、直ちに、その主文及び理由の要旨を公告・送達しなければなりません（破産217④）。

　ただし、同条項の規定の破産手続廃止の決定には不服申立権が認められており、同決定は確定しなければその効力を生じません（破産217⑧）。

（18）　破産会社の法人格の消滅 ■■■■■■■■■■■■■■■■■■■■■■

◆会社の解散と法人格の消滅時期

　会社（法人）の「解散」とは、会社を清算するため、会社の清算の前段階として、会社が原則としてその事業を中止することであり、解散により、会社は清算手続に移行します。

　破産の場合、会社の法人格は、解散の時期ではなく、会社の「清算手続が完了した時」に消滅し、それまでは清算の目的の範囲内で存続することになります。

◆破産による会社の解散

　株式会社は、破産手続開始の決定により解散します（会社471①五）。

◆破産法人の法人格消滅時期

　他の法律の規定により破産手続開始の決定によって解散した法人又は解散した法人で破産手続開始の決定を受けたものは、「破産手続による清算」の目的の範囲内において、「破産手続が終了するまで」存続するものとみなされます。つまり、破産法人の法人格は、破産手続による清算が終了したときに、消滅することになります（破産35の反対解釈）。

（19）　破産会社の法人格消滅と租税債務 ■■■■■■■■■■■■■■■■■■

◆破産手続における租税債務

　破産法人に対する租税債務の多くは、その公益性の強さ等に鑑み、財団債権ないし優先的破産債権として、一般の破産債権者に優先して支弁・配当がなされます（破産148①三・194①一）。

◆破産手続終了後の法人の租税債務（民事再生との異同）

　上記のとおり、破産手続による清算が終了した時点で、破産法人の法人格は消滅し、

破産法人は「権利能力」（租税債務を含め権利義務の帰属主体となる能力）を喪失します。よって、破産手続終了により破産法人の租税債務は消滅することになります。

　この点が、民事再生の場合は、その終結後も法人の租税債務が残存することとなるため、破産との大きな違いといえます。このため、租税債務については、終結後の納税計画が必要となります。

9 私的（任意）整理

　私的（任意）整理とは、経営危機に陥った会社ないし将来的に事業を継続することが困難である会社が、再建又は清算のため、債権者と個別に交渉し、和解をして解決する方法をいいます。裁判所が直接関与する手続（民事再生・会社更生・破産・特別清算など）と異なり、債権者と債務者の協議により整理が行われることを原則としています。私的（任意）整理には、通常清算も含めるケースがありますが、ここでは、当事者の話合いにより解決することを対象として説明します。

(1)　私的（任意）整理のメリット・デメリット ■■■■■■■■■■■■■

　私的（任意）整理のメリットは、その内容や方法が「原則として」自由であることです（後述するとおり、例外として「してはならないこと」があることに注意が必要です。）。

　私的（任意）整理のデメリットは、債権者に対する法的な強制力がないことや、法的整理に比べて債務処理に関して透明性や公平性が劣る場合があるということです。

(2)　私的（任意）整理の要点 ■■■■■■■■■■■■■■■■■■■■■■■■

◆私的整理か法的整理かの選択

　私的（任意）整理が可能であれば、柔軟・迅速な「再建」を図ることが可能となります。私的（任意）整理が利用可能であれば、例えば法的整理である「清算」を検討する必要はありません。

　反対に、速やかに法的整理である「破産」申立てをして会社を清算していく必要がある場面では、早急に「破産」申立てを行っていく必要があります。このような場合に、私的（任意）整理で無理を重ねると、損害が拡大してしまう可能性があります。

例えば、私的整理の際に個人保証をしたり、個人の資産の担保提供をすると、その後に個人としての再出発が困難となります。

◆私的（任意）整理か法的整理かの三つの選択基準

　会社の経営危機において、私的（任意）整理（再建型又は清算型）をすべきか、法的整理（前述の特別清算を含みます。）をすべきかについて、次の三つの基準を検討する必要があります。

① 判断をするための充分な資料
② 主に経済的側面と法的側面からの検討
③ 税務リスクを避ける必要性

◆総合勘案の必要性

　経営危機の際に私的（任意）整理をすべきか法的整理をすべきかの判断を行っていく場合には、経済・経営・税務・労務・法務等の側面から検討する必要があります。その上で、これらを総合勘案した判断となります。その際に、一番のポイントとなる点が、将来の見込みと債務整理をどのように行っていくかという点を考慮に入れて判断を行っていきます。

◆私的（任意）整理の三つの類型

　私的（任意）整理を行っていく上では、大きな区分として、次の三通りの類型が考えられます。

① 法人を従前どおりにそのまま事業継続するという方法
　債務整理や事業整理を行った上で、従来どおり事業を継続していくというケースです。

② 事業存続を行わずに清算を行うという方法
　事業は存続させずに、債務整理や事業整理を行い、最後は法人自体を消滅させるというケースです。

③ 整理を行った後に、法人本体は清算を行い、事業譲渡や事業などを分割して、法人本体と切り離して、別組織に移行するという方法
　いずれの方法を採用するかは、その法人の置かれている状況によって異なってきます。

　なお、②③については、通常清算のケースに含まれるという区分の仕方もありますが、本書では別途区分して検討していることから重複する部分も出てきますので留意してください。

(3)　私的（任意）整理をする際に注意すべき法令等 ■■■■■■■■■■

　私的（任意）整理をする際、以下に掲げる場合には債権者を害することとなり、場合によっては刑事訴追される可能性も出てきます。さらに、個人として損害賠償義務を負うこととなり、個人破産になった場合には、免責不許可事由となって責任が消滅しないことになりかねませんので注意が必要です。

◆詐　欺

　私的（任意）整理をする際、債権者に対し、真実と異なる事実を告げて、その旨債権者を錯誤に陥れ、その旨錯誤に陥った債権者から債務の減免を得たり、銀行から追加融資を得た場合には、詐欺罪として刑事責任を問われる場合があります（刑246）。

◆会社法等法令違反・損害賠償を生じさせる行為

　粉飾決算等、計算書類及び事業報告等、記録すべき重要な事項についての虚偽の記載又は記録等をすると、役員等は、そのことに軽過失すらなかった旨を立証できない限り、これによって第三者（債権者・銀行等）に生じた損害を賠償する責任を負うことになります（会社429①）。

　会社法429条2項は、同条1項とともに、経営危機にある会社の役員等が特に注意をしなければならない条文です。

◆詐害行為

　ア　詐害行為のリスク

　会社が債務超過に陥った場合等に、会社が会社財産を減少させる行為（贈与、寄付、不相当対価での会社財産売却）をすると、民法上の詐害行為取消権（民424以下）が生じ、それを強化した事業譲渡の際の会社法23条の2等が適用され、損害や混乱が拡大することになります。

　イ　相当対価による財産売却・担保供与又は債務弁済が詐害行為になる危険性

　相当対価による財産売却（民424の2）、担保の供与・債務の弁済（民424の3）などが詐害行為取消しの対象になってしまうことがあります。

　そこで、私的（任意）整理の際に、資産売却・追加担保の供与・一部弁済をする場合には、詐害行為取消しのリスクについて考慮する必要があり、この点につき特に留意が必要となります。

◆否認行使の対象や免責不許可事由に該当する行為

　経営危機にある会社が、私的（任意）整理を行う際に、債権者に強硬に返済請求を要求されたとしても、後日破産手続開始に到る可能性も想定して、必要であれば、弁護士を同席させるなどして、否認権の対象や免責不許可事由に該当する行為にならないように、特に注意・工夫する必要があります。

(4)　私的（任意）整理をする際に注意すべき税務処理 ■■■■■■■■■

　私的（任意）整理により、債権者との間で合意が形成されて、債務免除を行ってもらうことが可能となった場合に、債務免除を受ける会社側は、債務免除益が発生します。債務免除益は益金となるため、青色繰越欠損金が利用できて、しかも青色繰越欠損金がその債務免除益の範囲ならば問題がありません（法税57）。反対に、債務免除益が青色繰越欠損金よりも多い場合は、法人税の支払が発生する可能性が出てきます。

　ただし、「期限切れ欠損金」があれば、債務免除益について、その期限切れ欠損金の範囲内で損金算入をすることが可能です（法税59③）。そこで、債務免除益を計上してもらう際には、青色繰越欠損金や期限切れ欠損金の適用を検討する必要があります。

第 9 章

個人事業への転換・
再建又は清算の検討

232

第1　法人事業から個人事業へ転換する

＜フローチャート〜法人事業から個人事業への転換＞

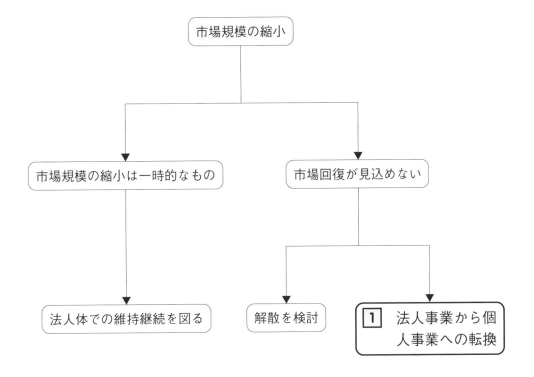

1 法人事業から個人事業への転換

(1) 法人による規模が妥当か ■■■■■■■■■■■■■■■■■■■■

　法人を運営していて、販売市場規模の成長が見込めないことが一時的なものである場合は、法人格を維持して、事業をそのまま継続していくことも考えられます。

　法人事業体にしているメリットとしては、①代表者（事業主）に給与が出せるので、代表者が事業所得から給与所得となり、所得税や住民税を下げられる可能性が出てくること、②借入れや増資などの資金調達手段が多様化して、資金調達が行いやすくなること、③個人の場合に比べて、信用力が増すことから、取引の幅が広がること、などのメリットが考えられます。また、税制面でいうと、法人税の実効税率は、一般の場合30.62％となります（中小法人の場合は、さらに税率が軽減されます。）。したがって、法人を運営していた場合に生じる税額と、個人事業に転換した場合に見込まれる所得税＋住民税＋事業税の額を比較して、税額のトータルが低い場合には、法人事業体で運営していく方が、メリットが大きいと考えられます。また、繰越欠損金の繰越しも9年間認められており、個人の繰越限度期間の3年間と比べて長いのでその分有利に活用できます。

　そして、これらのメリットが、個人で事業を行った場合よりも上回っている場合には、法人として事業を継続することが考えられます。

　ただし、既存の債権・債務や取引先との関係や既存の営業権等を考慮して検討する必要があります。現在法人格を得て活動している場合には、既存の顧客や得意先があり、また仕入先や債権者がいます。これらの者が、全て、法人組織から個人に組織変更した場合に、スムースに移行ができるかというと、そうとは限りません。やはり、個人では、信用力に限界があり、法人の時と同条件で取引や販路が維持できるとは限りません。この点は、重要であるので、優先して確認をする必要があります。

　また、法人組織から個人に組織変更する場合には、従業員がどのような行動をとるかも想定しておかなければなりません。法人の時は勤務をしてくれていた従業員も、個人組織になると、やはり信用力という点で見劣りすることは否めないことから、退社する可能性も低くはないと思われます。その場合の事業への影響も想定しておく必要があります。さらに、法人組織の時のような福利厚生面での配慮も必要になってくると思われます。

　特に、銀行口座や車両、賃貸契約あるいは各種保険などについては、法人から個人

への名義変更については、困難なことも想定されますので、あらかじめ調べておく必要があります。

(2)　市場回復が見込めない場合 ■■■■■■■■■■■■■■■■■■

　反対に、市場回復が見込めない場合には、法人を解散して事業から撤退する方法が考えられます。しかし、個人で事業を営んでいける可能性があるのであれば、廃業のみを検討するのではなく、個人事業への転換も視野に入れるべきです。例えば、市場規模が縮小して(1)に掲げたメリットが法人事業体よりも個人の場合の方が上回る場合は、個人事業への転換も考える余地があります。個人事業に転換するには、法人を清算した場合や、私的整理をした上で、最終的に法人格を消滅させて、個人事業に転換することになります。

　特に、個人事業の場合、原則として、従業員が5人以上である場合に社会保険の加入が義務付けられますので、従業員が5人未満の場合は、社会保険に加入する義務がないため、国民健康保険と国民年金への加入になります。その場合には、社会保険の負担をしなくていいこととなります。ただ社会保険の離脱は、従業員にとっては不利になるケースも十分に考えられることから、従業員への配慮も必要です。また、法人であれば赤字でも、法人住民税において、最低でも7万円の「均等割」を支払わなければならないのに対して、個人事業の場合には、個人の均等割りは標準で5,000円程度なので、負担が少なくて済みます。ただし、当然のことながら、法人で生じた繰越欠損金は個人の方に引き継ぐことはできません。消費税についても、個人事業転換当初は、基準期間がないので、設立後2年事業年度は、課税事業者等の選択をしない限り、原則として、納税義務がないことになります。この場合2年間は消費税を納める義務がないので、この分有利になります。

(3)　法人組織から個人事業への転換 ■■■■■■■■■■■■■■■■■

　法人組織から個人事業に転換するには、法人組織を終了ないし結了させて、法人組織を消滅させた上で、個人事業に転換する方法が一般的です。法人組織を消滅させるには、第8章で述べた方法があります。いずれの方法にしても、個人事業で継続することを意識して、法人組織を終了ないし結了する必要があります。私的な整理でことが進み、法人から個人への転換が進むことが理想的です。しかし、経営危機状況にあるので、法人組織を消滅させて、個人事業に強引に移行すると、競業避止義務や法令違反などに引っかかるおそれがあり、この点を十分に注意する必要があります。

第2　個人事業主の再建又は清算の検討をする

＜フローチャート～個人事業主の再建又は清算の検討＞

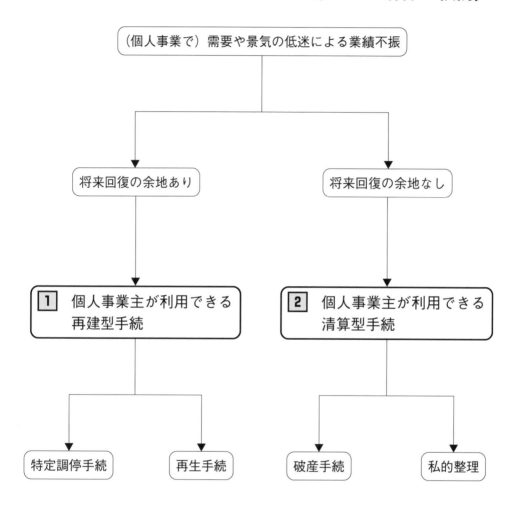

1 個人事業主が利用できる再建型手続

(1)　特定調停手続 ■■■■■■■■■■■■■■■■■■■■■■■■■■■■■■

　調停委員会の仲介により、債務者（借金等を負っている方）と債権者（借金等の返済先）が借金等の減免や返済方法などについて検討していくもので、将来の返済計画を策定する手続であり、当事者同士が話し合うことによって債務整理を行う手続です。このため、簡易、迅速かつ柔軟な解決を図ることが可能となります。

　また、自主的に再建ができるという点で、個人事業主のモチベーションが維持される点でも今後の事業活動が行いやすくなります。

　特定調停手続は、金銭の支払義務を負っていて、次のいずれかに当たる個人又は法人が利用することができます。

① 　支払不能（返済時期の来た借金等を一般的かつ継続的に返済することができない状態）に陥るおそれのある個人又は法人

② 　事業の継続に支障を来すことなく返済時期の来た借金等を返済することが困難である事業者（個人又は法人）

③ 　債務超過（負担する借金等が資産を上回る状態）に陥るおそれのある法人

(2)　再生手続 ■■■■■■■■■■■■■■■■■■■■■■■■■■■■■■

　個人再生手続とは、借金などの返済ができなくなった人が、全債権者に対する返済総額を少なくし、その少なくなった後の金額を原則として3年間で分割して返済する再生計画を立て、債権者の意見を聞いた上で裁判所が認めれば、その計画どおりの返済をすることによって、残りの債務（養育費・税金など一部の債務を除きます。）などが免除されるという裁判上の手続です。

　再生手続には、小規模個人事業再生手続と、サラリーマンを対象とした給与所得者等再生手続の二つがあります。

　小規模個人事業再生手続は、主として、個人商店主や小規模の事業を営んでいる人などを対象とした手続です。この小規模個人事業再生手続は、借入れ（住宅ローンを除きます。）等の総額が、5,000万円以下であることと、将来にわたり収入を得る見込みがあることの二つが要件とされています。

　給与所得者等再生手続の場合は、収入が給料などで、その金額が安定していることが、主たる条件とされています。

　まず、債務者の借金等の額を確定させます。その次に、将来の借金等の支払計画（再生計画）を策定していくことにより、債務者の事業や経済生活の再生を図る手続です。

　破産手続と再生手続を比べると、破産手続は債務者の財産の清算を行う「清算型」の手続となります。これに対して、再生手続は、債務者が再生計画に従って債務の弁済を行いながら事業や経済生活の再建を図る「再建型」の手続となり、再建を目的としています。したがって、再生手続は、借金等の返済を行いながら事業や経済生活を継続していきたいときにマッチした手続といえるでしょう。

（3）　特定調停手続と再生手続との違い ■■■■■■■■■■■■■■■

　特定調停手続で定められた返済計画等の内容は、合意した債権者にしか効力が及ばないことになっています。これに対して、再生手続は、裁判所の認可を受けて再生計画が成立すると、当該再生計画に反対した債権者も拘束されることになります。このように、再生手続は反対債権者に対しても拘束力を持つという点で、特定調停手続と異なります。

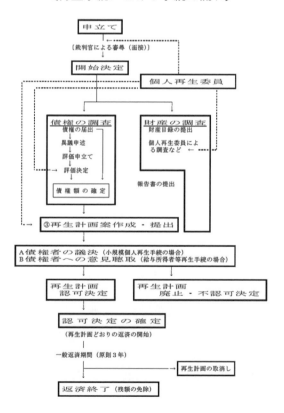

＜再生手続における手続の流れ＞

（出典：裁判所ウェブサイト（https://www.courts.go.jp/sendai/saiban/tetuzuki/kozinsaisei/index.html）（2022.4.27））

2 個人事業主が利用できる清算型手続

◆破産手続

　債務者の全財産を充てても借金等を返済できなくなった場合に、債務者の財産を金銭に換えて債権者に公平に分配する手続です。破産手続では、残った借金等の支払義務を免除する免責制度を併せて利用することで、これまでの借金等を無しにして再出発を図るのに適しています。破産については**第8章**で検討していますので、詳細は同章を参照してください。ここでは、個人の破産の場合における特徴点を記載します。

　ア　破産手続の概要

　破産は、支払不能又は債務超過にある債務者の財産等の清算に関する手続を定めること等により、債権者その他の利害関係人の利害及び債務者と債権者との間の権利関係を適切に調整し、もって債務者の財産等の適正かつ公平な清算を図るとともに、債務者について経済生活の再生の機会の確保を図ることを目的としています（破産1）。破産は、裁判上の手続で、「破産手続」ともいいます。

　破産手続とは、破産法（同法12章を除きます。）に定めるところにより、債務者の財産・相続財産・信託財産を清算する手続をいいます（破産2①）。

　イ　破産手続のメリットとデメリット

　　a　破産手続のメリット

　破産手続のメリットとしては、債権者の同意がなくとも手続を進めることができる点があります。ただし、債務の支払義務は、「免責決定」を得ないと消滅することはありません。ただし、「免責決定」を受けたとしても、支払義務がなくならない債務もあるので注意が必要です。

　また、破産手続によると、原則として、「免責決定」を得て債務が消滅するため、過去の累積債務の重荷から解放されて、身軽になって再出発を図ることでできること等もメリットとして考えられます。

　また、個人の場合は、その後の生活があるので、生活に必要な一定の財産を自分の手元に残すことができる可能性があります。

　　b　破産手続のデメリット

　破産手続のデメリットとしては、個人の破産の場合、官報に住所・氏名が載ることがあげられます。また、いわゆる金融機関のブラックリストに登録されるため、借入れやクレジットカードなどが利用できなくなります。また、郵便物が破産者本人に届かず、破産管財人に行ってしまう、「通信の秘密の制限」（破産81・82）が出てくる可能性があります。資格制限が出てきてしまうことがあり、破産手続が終わるまで仕事ができなくなる可能性があります。

顧問先等の経営危機　対応マニュアル
―現状確認・資金確保・経費見直し・再建と清算―

令和4年6月2日　初版発行

編　著	坂　部　達　夫	
	山　元　俊　一	
発行者	新日本法規出版株式会社	
	代表者　星　謙一郎	

発 行 所	**新 日 本 法 規 出 版 株 式 会 社**	
本　　社 総轄本部	(460-8455)	名古屋市中区栄1-23-20 電話　代表　052(211)1525
東京本社	(162-8407)	東京都新宿区市谷砂土原町2-6 電話　代表　03(3269)2220
支　　社		札幌・仙台・東京・関東・名古屋・大阪・広島 高松・福岡
ホームページ		https://www.sn-hoki.co.jp/